SPANISH SHORT STORIES FOR BEGINNERS

20 Captivating Short Stories to Learn Spanish & Grow Your Vocabulary the Fun Way!

Easy Spanish Stories Volume 2

www.LingoMastery.com

CONTENTS

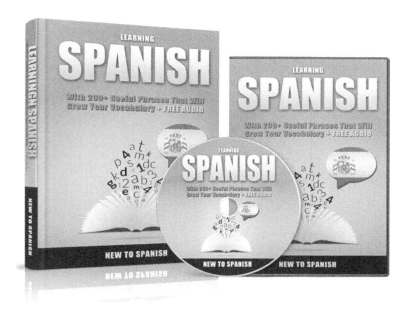

INTRODUCTION

Beginning to learn a new language is never easy. There is a certain difficulty in advancing from one level to another, but starting from zero? That's another story. You're looking up at a tall, steep mountain and wondering where to start climbing; it has handholds at several parts, but you still have to find them and understand how to keep your balance. Some people can't brave these difficulties and fall off the mountain, soon losing what they've learned over the years and forgetting their lessons. Others simply decide to freeze where they are and stop climbing.

But we don't want that to happen to you—we want you to reach that summit and plant your flag down on top of it!

The Spanish tongue, called Castilian, is a Romance language that is spoken by over 570 million people across the globe and around four different continents (North America, South America, Africa and Europe), and is known as the second most spoken native language in the world after Chinese! These facts alone should be sufficient reason to start learning the language today.

Picking up this book is an amazing decision that many other basic-level learners have not taken yet, so you're on the road to success, but purchasing this text was just the first step...

...now you have to put yourself to the test with it!

What the following book is about:

This book has been written with the intention of providing you with dearly-needed material; the thing is, Spanish learners at the Basic

1

level typically come across an obstacle early into their lessons—a serious lack of reading material. English enthusiasts may not have similar issues due to the massive amounts of resources out there available for them to practice and rapidly advance in their learning, but Spanish students can and *will* have problems with this aspect. Teachers provide their students with lists of books, but these are typically too complicated for someone who's just beginning to practice their Spanish.

Castilian isn't like English, either, so ensuring you find quality translations and proper, grammatically correct content can also be a challenge. You *do* want the best material, don't you?

We've created this book with the purpose of supplying you with efficient, helpful, fun and of course, challenging material that can keep you entertained while teaching you important lessons on the language. With the material found in this book, you will practice your vocabulary and take your language progress to new levels. Rest assured, we will *not* bury you under boring grammatical or structure rules: we've guaranteed that your learning involves nothing but reading and analyzing the text on your own, without forcing any of the tedious stuff into your brain.

The writers and editors behind the creation of this book are Spanish teachers, experienced in the educational aspect of this beautiful language, and we promise you that you will improve your language level once you have properly read and studied what we bring to you in this text.

How *Spanish Short Stories for Beginners* has been laid out:

Each story in this book has been cleverly laid out to represent a language *lesson*. Whether you desire to strengthen **Verbs, Adjectives** or **Giving Directions,** we have it all! Everything is written on a **_Basic_** level for **_Beginners_** to allow our readers to handle the difficulty level, though a learning curve will develop as the book goes on!

In each lesson, you will be provided with a **_story_** that, similarly to any other and written in first or third person, involves interesting characters with a conflict that they may or may not solve; a **_summary_** will follow in both English and Spanish, giving you the chance to check if you truly grasped what the story was about or if you need to read it again; a **_vocabulary list_** awaits next, with all the highlighted words in the text related to the lesson that you may or may not have understood, as well as any sayings or expressions in Spanish that we want you to learn; finally, you'll be provided with a _list of_ **_questions_** on a test to give you a chance to see how well you understood our story...but don't worry if you didn't know how to respond to a question, the **_answers_** are just a page away!

The stories have been written in a way that will allow you to:

a) Read the story without any distractions, paying attention solely to the plot of the tale without making special emphasis on distracting elements.

b) Interpret the tale you just read with the use of two summaries—one in English so that you may ensure you understood what the tale was about and can go back to it if there was something you didn't understand properly; and another in Spanish for when you start to dominate the language a bit better, allowing you to create your own summary for the book later on.

c) Understand the related terms expressed throughout the story with the use of a list of vocabulary that will give you important definitions and clear up any doubts you may have acquired. Important note: All vocabulary terms and expressions will be defined exclusively according to the story it was part of. There

3

are many definitions to words, but we will provide you with the exact usage which we gave in the story preceding the vocabulary list. Be aware of this!

d) Last but not least: ensure you have understood what you've read by providing you with a list of multiple-choice questions based on the story, with a list of answers below if you want to corroborate your choices.

All of this will ensure absolute efficiency in not only reading the stories, but in understanding and interpreting them once you're done. It is *absolutely normal* that you may not know some terms, and it is **also normal** that sometimes you may ultimately not entirely understand what the story is about. We're here to *help* you, in any way we can.

Recommendations for students using *Spanish Short Stories for Beginners*:

Just before we commence with the actual content of this book, we want to give you a few tips and tricks for getting the best out of this book.

1. Read the stories without any pressure: feel free to return to the parts you didn't understand and take breaks when necessary. This is like any fantasy, romance or sci-fi book you'd pick up, except with different goals.

2. Don't expect to understand every single thing; if you were supposed to, you probably wouldn't have picked **Spanish Short Stories for Beginners** up to begin with!

3. Feel free to use any external material to make your experience more complete: while we've provided you with plenty of data to help you learn, you may feel obliged to look at textbooks or search for more helpful texts on the internet—do not think twice about doing so! We even recommend it.

4. Find other people to learn with: while learning can be fun on your own, it definitely helps to have friends or family joining you on the tough journey of learning a new language. Find a like-minded person to accompany you in this experience, and you may soon find yourself competing to see who can learn the most!

5. Try writing your own stories once you're done: all of the material in this book is made for you to learn not only how to read, but how to write as well. Liked what you read? Try writing your own story now, and see what people think about it!

Added Bonus: 5-Day Spanish Masterclass

This book will no doubt help grow your Spanish understanding.

But did you know there are "methods" that can help you learn Spanish up to 325% faster?

This "method" is absolutely something you must add to your arsenal and that's why we have created a **5-Day Spanish Masterclass** for you to take part in.

You'll learn:

- A proven method to help you learn up to 325% faster (according to researchers)
- How to understand Spanish speakers when they talk too fast
- Important vocabulary that could save your life (yes, save your life!)

And much more.

As you've bought this book, you've been granted free access to this masterclass.

Join the 5-Day Spanish Masterclass at:
LingoMastery.com/SpanishMasterclass

CHAPTER ONE

Basic Vocabulary

Paseo por el parque – A walk through the park

Un hermoso día, los **padres** de **Carlitos** decidieron ir al **zoológico** para que su **hijo** conociera a los **animales** que **vivían** allí. Carlitos, un **niño** de **siete años,** nunca había ido a un zoológico ni visto animales **exóticos**, y estaba muy **emocionado** con la **idea** de observar **monos**, **elefantes** y **jirafas**, entre otros. Había sido su gran **sueño** visitar el *'zoo'*, y sus padres lo sabían.

Carlitos **salió** de la **casa** con **emoción**, poniéndose su **abrigo** mientras **corría** hacia el **auto** de **papá**. Llevaba una **pequeña cámara fotográfica** para poder conservar los **recuerdos** que iba a crear en este **día** tan **especial**. Era un fotógrafo **aficionado** que desde **temprana edad** había comenzado a amar **capturar** los **momentos** importantes de su vida para **recordarlos siempre**.

Abriendo la **puerta** del auto, Carlitos se sentó y esperó a que sus padres también se **subieran**.

"Te portas bien, ¿sí, Carlitos?", dijo su **madre**. Carlitos **asintió** con la **cabeza**. La **última** vez que habían ido al **centro comercial**, él se había **distraído** y había **perdido** a su mamá.

"Vamos, entonces", dijo su padre **de repente**, y el auto salió del **garaje** y comenzó a **rodar** hacia el zoológico.

Pasaron **quince minutos** y Carlitos finalmente pudo ver la **gran entrada** del esperado **sitio**. Se leía *"City Zoo"* en **letras enormes** y

blancas, y el niño supo que habían llegado. Tenía su cámara en mano y una sonrisa en la cara, pero no sabía que el día iba a ser más **interesante** de lo que él había imaginado.

"¡Vamos!", gritó, bajando del auto y corriendo hacia la entrada. Era un día **soleado** y había muchas **familias** entrando al **lugar**. Sus padres corrieron detrás de él y **pagaron** rápidamente las **entradas**. Pasaron por el puesto de seguridad y comenzaron a escuchar el **cantar** de los **pájaros**. En muchos sitios había personas tomando **fotos** y admirando los **variados** animales que se encontraban en el **parque**.

"¡Un **cocodrilo**, mira!", gritó la madre de Carlitos, y este se acercó a mirar hacia un **estanque** donde se hallaba un enorme **reptil** que **nadaba** en el **agua sigilosamente**.

"**Vaya...**", suspiró Carlitos, y tomó su **primera** foto con la cámara. Pero, luego, miró más allá y vio un animal del otro lado del estanque. "¡Los monos!", **exclamó**, y corrió a ver a los pequeños **primates** mientras **saltaban** y **escalaban** árboles. Eran **lindos** y **traviesos**, y Carlitos se rio de ellos y de sus **juegos**. Uno de ellos **lo miró de vuelta** y parecía estar **interesado** en su cámara.

"Quiero ver las **serpientes**", dijo el padre de Carlitos, pensativo, y los tres caminaron hacia un **edificio** que tenía un **cartel** con un **camaleón**. Carlitos **capturó** esto con su cámara y entró al edificio. Una vez **adentro**, se emocionó al ver la gran **cantidad** de **exhibiciones** que había. Las serpientes le **encantaban**, pero también las **arañas** y los **escorpiones**, y pronto pudo ver las **lagartijas**, **iguanas** y hasta un camaleón de **bellos colores**.

"Esto es fabuloso", dijo la mamá de Carlitos, pidiéndole a su hijo que tomara fotos de cada animal para **revivir** los recuerdos luego. Carlitos miró una **tortuga** y sonrió cuando la vio **lanzarse** al agua. Fue un momento interesante.

Pero él ya quería ver a los otros animales del zoológico, y se fue con sus padres del **serpentario**. Más adelante, había un **jardín cerrado** para **insectos** y **mariposas**. Sus ojos **se iluminaron** y quedó **maravillado** con lo que vio: insectos de todo tipo, todos en diferentes **hábitats**. Sus **dedos** se movían **inquietos** sobre la cámara mientras buscaba fotografías que tomar y sus **pies** lo llevaban de un lugar a otro.

En ese momento, **escuchó** algo que lo emocionó como nada más lo había hecho:

"Hijo, vamos", dijo una **señora** que se encontraba cerca. "¡Están **alimentando** a los **tigres**!".

Carlitos no esperó, salió del jardín rápidamente y **atravesó arbustos** para correr hacia donde estaban los grandes **felinos**. Muchos **visitantes** se dirigían por los **caminos** del parque hacia ese lugar, y el niño veía **adultos**, **personas mayores** y otros niños y niñas como él...

...ahí fue cuando recordó que había dejado atrás a sus padres.

Carlitos trató de **volver**, pero la multitud lo llevó prácticamente **a la fuerza** hacia los felinos.

"¡Mamá!, ¡Papá!", gritó, pero no estaban por ningún lado. Comenzó a **asustarse**, pero no podía hacer nada para regresar a buscar a sus padres. Decidió **dejarse llevar** por la **gente**, y fue acercándose poco a poco a las **jaulas** de los felinos.

Los **cuidadores** de los tigres estaban **arrojando carne** a la jaula de los tigres, y estos **devoraban** con gusto el alimento, sus **garras** rasgando la carne y sus **dientes** arrancando pedazos de ella. Era una **escena** que Carlitos siempre recordaría, con el pasar de los años, y que lo hizo olvidar a sus padres por un momento.

Pero pronto terminó el **espectáculo** y los visitantes comenzaron a ir hacia otras partes; la exhibición de los felinos se fue vaciando poco a poco y aún Carlitos no veía a sus padres. Caminó entonces a la exhibición de pájaros, donde coloridas aves volaban y cantaban mientras él les tomaba fotografías, pero tampoco estaban allí; fue luego hacia el **acuario** y pudo ver **peces** nadando en **profundas piscinas azules**, pero sus padres no aparecían.

Las **lágrimas** comenzaron a **formarse** en los ojos de Carlitos, y supo que se había **equivocado**. —*No debí haber corrido así*—, pensó, pero ya era muy tarde y estaba totalmente perdido.

Se **secó** las lágrimas y decidió que tenía una buena idea que podía llevarlo de vuelta a casa: ir hacia el auto de sus padres.

Volteó y se fue caminando lentamente, con **tristeza**, sabiendo que le esperaba un **regaño**.

En ese momento, un **león** apareció de la nada y lo atacó.

"¡RAWRRRRR!", **gruñó** el gran felino, y Carlitos **gritó** de miedo. Se **tropezó** y cayó al suelo, pero unos brazos lo atraparon. De pronto, un **elefante** se paró entre Carlitos y el león, y, por un momento, el niño no entendía qué pasaba… pero el león se quitó la **máscara** y se rio de él. Era su padre. Eso significaba que el elefante era…

"¡Mamá!", gritó Carlitos con lágrimas en los ojos.

"Te perdiste, ¿no?", preguntó su madre con la ceja levantada, pero incluso ella estaba riendo. "Estuvimos detrás de ti casi todo el tiempo".

"¡Sí! Lo siento mucho, ¡**perdónenme**!".

Los padres de Carlitos **lo abrazaron**.

"Está bien, hijo", respondió su papá con una sonrisa.

"Tranquilo, estás **perdonado**", dijo su mamá. "¡Ahora veamos el resto del zoológico, toma unas fotos más y vayamos a casa a **cenar**!".

Ese día fue **inolvidable** para Carlitos, aun cuando cometió el error de perderse, pero sus padres lo olvidaron y él jamás lo volvió a hacer.

Lección aprendida.

Resumen de la historia

Carlitos es un niño curioso que se encuentra emocionado porque sus padres lo llevarán al zoológico. Llega al parque y comienza a ver a los animales con interés, pero pronto se va corriendo a ver cómo alimentan a los tigres en las jaulas. Cuando se da cuenta de que ya no puede ver a sus padres, comienza a desesperarse y los busca, pero ya no los puede encontrar. Empieza a llorar y piensa que lo van a regañar, pero estos aparecen riéndose y lo perdonan por perderse. Regresan al parque para unas últimas fotos y su lección queda aprendida.

Summary of the story

Carlitos is a curious child that feels excited because his parents are taking him to the zoo. As soon as he arrives at the park, he begins to watch the animals with interest, but soon he runs off on his own to watch how the caretakers feed the tigers. When he realizes that he can't see his parents anywhere, he becomes desperate and begins to search for them, but he can't find them. He starts to cry and believes that he's going to be scolded, but they show up laughing and forgive him immediately. The family returns to the park for a few last photographs and he learned his lesson.

Vocabulary

un: one
hermoso día: beautiful day
padres: parents
Carlitos: Charlie
zoológico: zoo
hijo: son
animales: animals
vivían: lived (plural)
niño: boy
siete años: seven years old
exóticos: exotic (plural)
emocionado: excited
idea: idea
monos: monkeys
elefantes: elephants
jirafas: giraffes
sueño: dream
salió: went out
casa: house
emoción: excitement
abrigo: coat
corría: ran
auto: car
papá: dad
pequeña: small (feminine)
cámara fotográfica: photographic camera
recuerdos: memories
día: day

especial: special
aficionado: enthusiast
temprana edad: early age
capturar: capture
momentos: moments
recordarlos: remember them
siempre: always
puerta: door
subieran: get on (plural)
madre: mother
asintió: nodded
cabeza: head
última: last (feminine)
centro comercial: mall
distraído: distracted
perdido: lost
de repente: suddenly
garaje: garage
rodar: drive/roll
quince minutos: fifteen minutes
gran entrada: great entrance
sitio: place
letras: letters
enormes: enormous (plural)
blancas: white (plural)
interesante: interesting
soleado: sunny
familias: families

lugar: place
pagaron: paid (plural)
entradas: tickets
cantar: song
pájaros: birds
fotos: photos
variados: varied (plural)
parque: park
cocodrilo: crocodile
estanque: pond
reptil: reptile
nadaba: swam
agua: water
sigilosamente: silently
vaya: wow
primera: first (feminine)
exclamó: exclaimed
primates: primates
saltaban: jumped
escalaban: climbed
lindos: cute (plural)
traviesos: naughty (plural)
juegos: games
lo miró de vuelta: looked back
at him
interesado: interested
serpientes: snakes
edificio: building
cartel: poster
camaleón: chameleon
capturó: captured
adentro: inside

cantidad: amount
exhibiciones: exhibitions
encantaban: loved (plural)
arañas: spiders
escorpiones: scorpions
lagartijas: lizards/geckos
iguanas: iguanas
bellos: beautiful (plural)
colores: colors
revivir: relive
tortuga: tortoise
lanzarse: jump in
serpentario: serpentarium
jardín cerrado: enclosed
garden
insectos: insects
mariposas: butterflies
se iluminaron: lit up
maravillado: amazed
hábitats: habitats
dedos: fingers
inquietos: restless (plural)
pies: feet
escuchó: heard
señora: lady
alimentando: feeding
tigres: tigers
atravesó: passed through
arbustos: bushes
felinos: felines
visitantes: visitors
caminos: paths

adultos: adults

personas mayores: elderly people

volver: turn back

a la fuerza: by force

asustarse: get scared

dejarse llevar: go with the flow

gente: people

jaulas: cages

cuidadores: caretakers

arrojando carne: throwing meat

devoraban: devoured (plural)

garras: claws

dientes: teeth

escena: scene

espectáculo: show

acuario: aquarium

peces: fish

profundas piscinas: deep pools

azules: blue (plural)

lágrimas: tears

formarse: forming

equivocado: to make a mistake

secó: dried

tristeza: sadness

regaño: scolding

león: lion

gruñó: growled

gritó: screamed

tropezó: tripped

elefante: elephant

máscara: mask

perdónenme: forgive me (plural)

lo abrazaron: hugged him

perdonado: forgiven

cenar: have dinner

inolvidable: unforgettable

lección aprendida: lesson learned

Questions about the story

1) ¿Dónde perdió Carlitos a su mamá en una salida anterior?

a) Parque

b) Centro comercial

c) Zoológico

d) Playa

2) ¿Cómo se llamaba el zoológico?

a) Zoológico de la Ciudad

b) The Zoo

c) City Zoo

d) El Zoológico Central

3) ¿Qué animal aparecía en un cartel?

a) Elefante

b) Camaleón

c) Serpiente

d) Tigre

4) ¿Cuáles animales estaban siendo alimentados cuando se perdió Carlitos?

a) Leones

b) Pumas

c) Pirañas

d) Tigres

5) ¿Qué máscaras usaban los padres de Carlitos?

a) Tigre y Rinoceronte

b) Mariposa y Serpiente

c) Elefante y Jaguar

d) Elefante y León

Answers

1) B
2) C
3) B
4) D
5) D

CHAPTER TWO

Nouns

Un ladrón nocturno – A night thief

Era de **noche** y todos los **vecinos** de la **cuadra dormían**. Parecía ser una noche muy **tranquila**, pero había **alguien despierto**, un **personaje nocturno** que estaba llevando a cabo un **malévolo** plan para **robarse** un **tesoro escondido**. Había visto su **objetivo** horas antes, **durante** la **tarde**, mientras la **vecina preparaba** algo en su **cocina**.

"Oh, sí", dijo el **ladrón**. "Esta noche iré por ti".

Y así fue. Cuando se hizo de **madrugada**, el ladrón saltó sobre la **cerca** de la **casa** que pensaba robar y miró por la **ventana**. Ahora, hay que **ser claros** en algo: este ladrón no era un **común y simple ser humano** con un **saco** sobre el **hombro**, no, era un pequeño y **peludo criminal** de **cuatro patas** y una **lanuda cola**. Su **pelaje** era todo **blanco** y sus **orejitas** estaban **atentas** a todo lo que **ocurría** a **su alrededor**. Era un **ágil** y **sigiloso gato**.

El **perro** de la casa parecía estar **durmiendo**, y los humanos, **dueños** de la casa, **también**. El gato sabía que este era el **momento perfecto**. **Verás**, la dueña de la casa había preparado un **atún guisado** que había propagado **deliciosos olores** a través de la ventana, los cuales llegaron hasta el gato ladrón.

Ahora que todos dormían, sabía que nadie estaría **cuidando** el **plato** tan **divino** y que podría **devorarlo**. Miraba desde la cerca y trataba de buscar un **modo** de entrar; alguna **puerta** o ventana que los humanos podrían haber **olvidado cerrar**. De pronto la vio: la **puerta para perros** que estaba instalada en la puerta **trasera** de la casa. *Perfecto,* pensó el gato. *Es ahora o nunca.*

Saltó desde la cerca y cayó en el **patio trasero**, mirando a su **alrededor**. Estaba **todo despejado**. Empezó a correr **silenciosamente** hacia la casa y trató de evitar las **luces** del **porche**. Era una noche de **luna nueva**, así que la **oscuridad** lo **ayudaba** con su **trabajo**.

Cuando **alcanzó** la puerta para perros, sonrió con **picardía** y finalmente la empujó y entró a la casa.

Una vez adentro, veía que los **pasillos** estaban **solos** y que **nadie** había **salido** a **detenerlo**. "*Voy bien*", pensó. Se escuchaba el **segundero** de un **reloj**, pero el resto de la casa estaba en **absoluto silencio**. El ladrón de cuatro patas sabía hacia dónde quedaba la cocina, pero también sabía que el perro de la casa dormía en la **sala**, a un lado de ella. Por esta razón, el gato tenía que buscar **otro camino**.

"**Piensa, piensa**", **se dijo a sí mismo**, mirando por otra puerta que posiblemente lo **llevaría** a su **destino**.

Fue entonces cuando **pudo observar** que había otra puerta hacia la cocina y **una sonrisa apareció** en su **cara**.

El gato **caminó lentamente** sobre la **alfombra** y pasó entre las patas de una **mesa**. Había **cuadros** en las **paredes**, además de **fotografías** de la **familia**. El perro aparecía en **varias** de ellas, y esto le causó risa al gato.

De pronto, llegó a la puerta que entraba a la cocina y miró a su alrededor: **la cocina, el fregadero**... *el refrigerador*. Ahí estaba el atún. El gato escuchó una última vez, por si alguien lo **vigilaba**, pero no había **señales** de nada. El perro **roncaba** en la sala y los humanos no estaban. Era el **momento indicado**.

Se acercó lentamente al refrigerador y se preparó para abrirlo —pero ya estaba **entreabierto**—. Esto le pareció muy **raro** al felino. No era la primera vez que entraba a **robar** en una casa, y los humanos siempre **mantenían cerrados** sus refrigeradores.

Un momento…

Miró algo peludo que **se asomaba** a través de la puerta del refrigerador. Era una **cola larga** y lanuda, como la suya.

¡Era otro gato!

"¡Oye, tú!", gritó, y el otro animal **dio un brinco.**

"¿Qué pasa?", el gato era de **color gris** y tenía la **cara llena de atún**. El gato blanco **casi sufrió un infarto**: ¡este gato estaba **empezando a comerse** el atún guisado!

"¡**Suelta** eso! ¡Yo lo vi primero!", volvió a exclamar el gato blanco.

"¡No! ¡Yo llegué antes!".

El gato blanco se abalanzó sobre el gato gris y **lucharon** en el **piso** de la cocina, sus **garras volando por el aire** mientras **peleaban**.

"Tú eres el **famoso** gato blanco, ¿cierto?", preguntó el gato gris entre **ataques**.

"¡Sí! **¿Quién demonios eres tú?**".

El gato gris se **rio a carcajadas.**

"Soy **mejor** que tú".

El gato blanco se preparó para **morder** a su **contrincante**, pero de pronto escuchó un **gruñido** detrás de él. Sintió la **respiración** de un animal grande y supo qué estaba pasando.

*El perro se **despertó** por el sonido de la pelea.*

Antes de que se **convirtiera** en **comida de perro,** el gato blanco saltó sobre la mesa de la cocina y **esquivó** las **mandíbulas** del **enorme Rottweiler**, su cola escapando de los **dientes** del animal por centímetros.

"**¡Ayúdame!**", gritó el gato gris, **acorralado** de repente por el perro, pero el gato blanco podía ver el rico atún guisado ahí en el refrigerador. Estaba tan cerca y el perro no estaba vigilándolo — estaba muy preocupado tratando de acabar con el gato gris—. El gato blanco se acercaba al atún, ya casi lo alcanzaba...

"¡Ayuda!", exclamó de nuevo el gato gris.

El gato blanco **suspiró** tristemente. *No. No puedo dejarlo caer en las mandíbulas del perro, por más que quiera comer atún.*

Con un **impresionante salto** y un ataque con sus **uñas**, hizo llorar al Rottweiler y lo obligó a retroceder. **Cayendo** al lado del gato gris, el gato blanco **lo sacó de allí.**

"**¡Vámonos ya!**".

Ambos escaparon de la casa, sin atún, pero vivos, y saltaron sobre la cerca para resguardarse del perro furioso.

"**Sacrifiqué** el atún por ti", dijo el gato blanco con **rabia.**

"¿Eso crees?", contestó el gato gris con **seguridad**. "Tengo un plan B".

Cuando el gato blanco miró nuevamente, un gato negro estaba escapando de la casa con el plato de atún guisado y saltó al lado de ambos.

"Hola, soy el plan B", dijo el gato **negro**, y los tres se rieron a carcajadas.

Esa noche comieron atún guisado hasta quedar **completamente llenos**. La dueña de la casa terminó culpando al perro.

Pero el Rottweiler juró **vengarse**. Los gatos **la pagarían caro**...

Continuará...

Resumen de la historia

En medio de una noche oscura, un gato blanco ladrón vigila una casa —piensa entrar para robarse un plato de atún guisado que vio cocinar a la dueña—. Cuando ya es de madrugada y todos duermen, el gato entra a la casa y se dirige a la cocina, pero otro gato, uno gris, había llegado antes que él. Ambos luchan por el atún hasta que aparece el perro de la casa. El gato blanco escapa de las mandíbulas del perro, pero el gato gris es acorralado. El gato blanco está a punto de robar el atún e irse, pero salva al gris en el último momento y ambos huyen de la casa. En ese momento, un gato negro aprovecha la distracción y entra para robarse el atún, y los tres gatos comen felices. Pero puede que aún haya una venganza del perro...

Summary of the story

In the middle of a dark night, a thief white cat watches a house—it is planning to break in and steal a plate of tuna stew it saw the house-owner cook in the afternoon. When late night arrives and everybody sleeps, the cat enters the home and heads to the kitchen, but another cat, a gray one, had arrived before him. They both fight over the tuna and the guard dog wakes up. The white cat escapes the dog's bite by inches, but the gray cat is cornered. The white cat is about to take the prize and leave, but decides to save the gray cat at the last moment and the two flee. In that precise moment, a black cat takes advantage of the distraction and steals the tuna while the dog is outside, and the three cats eat happily. But there still may be payback from the dog...

Vocabulary

noche: night

vecinos: neighbors

cuadra: block

dormían: slept (plural)

tranquila: quiet

alguien despierto: somebody awake

personaje: character

nocturno: nocturnal

malévolo: malicious

robarse: steal

tesoro: treasure

escondido: hidden

objetivo: target

en medio de: in the middle of

tarde: afternoon

vecina: neighbor (feminine)

preparaba: prepared

cocina: kitchen

ladrón: thief

y así fue: and so he did

madrugada: early morning/late night

cerca: fence

casa: house

ventana: window

ser claros: to be clear

común y simple: common and simple

ser humano: human being

saco: sack

hombro: shoulder

peludo: hairy/furry

criminal: criminal

cuatro patas: four legs

lanuda cola: bushy tail

pelaje: coat

blanco: white

orejitas: little ears

atentas: alert (plural, feminine)

ocurría: occurred

su alrededor: his/her/its surroundings

ágil: agile

sigiloso: stealthy

gato: cat

perro: dog

durmiendo: sleeping

dueños: owners

también: also

momento perfecto: perfect moment

verás: you see

atún guisado: tuna stew

deliciosos: delicious (plural)

olores: smells

cuidando: watching

plato: plate/meal

divino: delicious

devorarlo: devour it

modo: way

puerta: door

olvidado cerrar: forgotten to close

puerta para perros: dog door

trasera: back

perfecto: perfect

es ahora o nunca: it's now or never

patio trasero: backyard

alrededor: around

todo despejado: all clear

silenciosamente: silently

luces: lights

porche: porch

luna nueva: new moon

oscuridad: darkness

ayudaba: helped

trabajo: work

alcanzó: arrived/reached

picardía: mischief

pasillos: corridors

solos: lonely (plural)

nadie: nobody

salido: emerged

detenerlo: to stop him

voy bien: I'm doing well

segundero: seconds hand

reloj: clock

absoluto silencio: absolute silence

sala: living room

otro camino: another way

piensa, piensa: think, think

se dijo a sí mismo: he said to himself

llevaría: would take him

destino: destination

pudo observar: he caught sight of

una sonrisa apareció: a smile appeared

cara: face

caminó lentamente: walked slowly

alfombra: carpet

mesa: table

cuadros: paintings

paredes: walls

fotografías: photographs

familia: family

varias: several (feminine)

la cocina: the stove

el fregadero: the kitchen sink

el refrigerador: the fridge

vigilaba: watched him

señales: signs

roncaba: snored

momento indicado: the right moment

se acercó: approached

entreabierto: ajar

raro: weird

robar: steal

mantenían cerradas: kept closed (feminine, plural)

se asomaba: stuck out

cola larga: long tail

dio un brinco: jumped in shock

color gris: gray-colored

cara llena de atún: face full of tuna

casi sufrió un infarto: almost suffered a heart attack

empezando a comerse: starting to eat

suelta: let go

lucharon: fought

piso: floor

garras volando por el aire: claws flying everywhere

peleaban: struggled

famoso: famous

ataques: attacks

¿quién demonios eres tú?: who the hell are you?

rió a carcajadas: laughed hard

mejor: better

morder: bite

contrincante: opponent

gruñido: growl

respiración: breath

despertó: awoke

convirtiera: became

comida de perro: dog food

esquivó: dodged

mandíbulas: jaws

enorme Rottweiler: giant Rottweiler

dientes: teeth

ayúdame: help me

acorralado: cornered

suspiró: sighed

impresionante salto: impressive jump

uñas: nails/claws

cayendo: falling

lo agarró: grabbed him/it

¡vámonos ya!: let's go now!

sacrifiqué: I sacrificed

rabia: rage

seguridad: confidence

negro: black

completamente llenos: completely full

vengarse: get revenge

la pagarían caro: they would pay for it dearly

continuará...: to be continued...

Questions about the story

1) ¿En qué momento del día preparó el atún la dueña de la casa?

a) En la mañana

b) En la noche

c) En la tarde

d) En la madrugada

2) ¿En qué fase estaba la luna durante la noche del robo?

a) Luna llena

b) Luna nueva

c) Cuarto creciente

d) Cuarto menguante

3) ¿Qué hizo reír al gato dentro de la casa?

a) Las fotos familiares con el perro

b) Su reflejo en un espejo

c) Que no cerraron las puertas

d) La idea de robarse un atún guisado

4) ¿Dónde estaba dormido el perro de la casa?

a) El cuarto de su amo

b) La cocina

c) El baño

d) La sala

5) ¿A quién culparon por el robo?

a) Al gato blanco

b) Al gato gris

c) Al gato negro

d) Al perro

Answers

1) C
2) B
3) A
4) D
5) D

CHAPTER THREE

Basic Introductions &
Simple Conversations

Un atardecer diferente – A different sunset

Sonreí mientras subía por el camino que llevaba al **mirador**; a pesar de que siempre he ido a ese lugar, **jamás ha dejado de impresionarme** lo que se puede **observar** desde él. Amo la **naturaleza**, y pararme sobre esa **colina** y **admirar** el mundo a mi alrededor siempre han sido dos actividades que me llenan de **emoción** y **asombro** por la **belleza** de nuestro planeta.

Miré la hora y mi sonrisa **creció**: era casi la hora del **atardecer**. Mis fotografías del atardecer son admiradas por muchos, ya que dicen que tengo un **don** para capturar lo más bello del sol y los colores del cielo mientras **desciende** detrás del **horizonte**.

La **brisa** de la tarde **acariciaba** mi cabello y cara, y por un momento cerré los ojos para disfrutar la **sensación** de un hermoso día. Era verano, y todo era perfecto en mi—

Click.

Inmediatamente abrí los ojos y vi hacia al mirador con asombro cuando escuché ese **inconfundible** sonido del **obturador** de una cámara fotográfica. Yo, más que nadie, sabía **lo que significaba.**

Alguien había venido a mi lugar favorito a hacer lo que yo planeaba hacer esa tarde.

Sintiendo **decepción** de que no iba a tener el sitio para mí solo, me detuve y **consideré devolverme**, pero alguien habló en voz alta.

"¡**Hola!**", dijo una **voz dulce y femenina**. "**Hay lugar para dos**, supongo", agregó entre risas.

Estábamos a unos veinte metros de distancia —ella con su **cabellera rojiza** y sus **mejillas** del mismo color, yo con mis ojos **marrones** mirándola curiosamente—.

"Hola", dije con nervios. **Nunca me había topado** con un fotógrafo en ese mirador. "Es la primera vez que veo a alguien acá tomando fotos. Venía a **hacer lo mismo**".

"No te preocupes, pronto me voy", respondió la chica.

"Tranquila, no te estoy **espantando**".

Hubo risas **de ambas partes** y terminé de subir. Me quité el bolso y comencé a sacar mi equipo.

"Oye", escuché decir a la joven chica, "mi nombre es Lisa. Mucho gusto". **Extendió la mano** y yo la tomé con firmeza.

"**Mucho gusto**. Soy Manuel". Su piel era suave. Sentí un poco de calor en mi cara. Quería pensar que era el sol, pero era que estaba **ruborizado**. "Soy fotógrafo, me encanta este sitio".

"Sí, Manuel, es muy bonito el lugar", dijo Lisa, **capturando una fotografía** de un **pájaro en vuelo**. "¿Hace cuánto lo **descubriste**?".

Me puse a pensar por un momento, mientras sacaba mi cámara y tomaba una fotografía de una ardilla en un árbol.

"Un año. Es bastante oculto. ¿Y tú?".

"Yo lo descubrí hoy, mientras andaba por este parque. ¿Eres fotógrafo **profesional**? ¿O te dedicas a otra cosa?".

Sonreí pensando en lo que hago.

"Sí, soy fotógrafo profesional, pero amo mi trabajo. A veces vendo mis fotografías a diarios y revistas, además de **subirlas** a mi blog". Seguí la forma de las **nubes** y comencé a ver dónde tomaría las fotos del atardecer. "¿Qué te trae hasta aquí en un día como hoy?".

La chica hizo una expresión de **disgusto** mientras recordaba algo.

"Ah, pues que necesitaba despejar mi mente. Tengo problemas en casa con mis padres. **Muchas peleas**".

Lisa se veía triste, y de repente noté que también se veía **exhausta**. Como que no había dormido bien en días.

"Yo he tenido problemas así también, y este sitio me ha permitido **escapar de ellos**. Salir de la ciudad donde vivo me ayuda a calmarme. Me alegra que este mirador haya podido ayudar a otra persona también", le dije con **sinceridad.**

"Cierto, gracias. ¿Eres de la ciudad? Yo también lo soy. ¿Qué te ves haciendo en los próximos cinco años?", preguntó Lisa, con una expresión de emoción apareciendo en su cara mientras el sol comenzaba a descender.

"Trataré de expandir más mi alcance. Quiero viajar y hacer de esto mi vida entera. Quiero conocer todos los destinos que un fotógrafo desea ver en su vida y **documentar** el mundo un país a la vez".

Lisa me miró con interés y asintió con la cabeza.

"Suena genial. Eres un **soñador**".

"Y tú, ¿qué te ves haciendo?".

El sol **iluminaba** su cabello con luz **anaranjada** y **rosada**, un hermoso espectáculo que la hacía ver muy hermosa. En un momento en que la chica no me miraba, le tomé una foto.

"Yo, pues, solo quiero estar feliz y tranquila; no quiero tener nada en mi cabeza que me haga sentir triste".

No supe qué decir, así que solo apunté al sol. Ya había llegado casi al horizonte.

"Este es el mejor momento", suspiré. "El momento en el que todo alcanza su punto más hermoso e impresionante". Comencé a tomar muchas fotos, y noté que ella hacía lo mismo. Tras unos quince minutos, el sol se ocultó detrás del horizonte y todo comenzó a **oscurecer**. "¿Cómo te hizo sentir eso?", le pregunté. Su expresión había cambiado. Había esperanza.

"¡Me hizo sentir **genial**! Ahora tengo muchas fotos para el recuerdo, y me ayudó a olvidar por un rato lo que pasa en mi casa".

Noté que ella estaba guardando su cámara y su equipo. Se iba a ir y no sabía si la volvería a ver. *No puedo dejar que pase este momento,* pensé.

"Oye, Lisa, ¿vas a hacer algo ahora? ¿No quieres... ir por algo de comer?".

Lisa me miró con curiosidad y se rio.

"Pues, ¿por qué no? ¿Qué te gusta comer?".

"Me gusta mucho la comida italiana, la pasta, por ejemplo. ¿Quieres ir a **mi sitio favorito**?".

Pareció pensarlo por un segundo, pero asintió.

"¡Sí! A mí me encanta la pasta. **Vayamos** entonces, Manuel", dijo Lisa, y comenzamos a bajar por el camino.

No sabía que ese iba a ser el primer día al lado de la persona que iba a cambiar mi vida para siempre, pero así sería. Comimos en un **restaurante de lujo** que siempre me había gustado, charlamos sobre la vida en general y fuimos conociéndonos más y más.

Fue la historia de cómo comenzó todo con mi futura esposa y madre de mis hermosos hijos.

Fue un atardecer distinto que se convirtió en... *un atardecer especial.*

31

Resumen de la historia

Manuel es un fotógrafo que siempre visita un mirador en la cima de una colina dentro de un parque y, un día que decide ir, se encuentra con otra persona que también está tomando fotos de la vista que se aprecia desde ahí. Pronto comienzan a hablar, intercambiando preguntas entre ellos, y ambos se dan cuenta de que la fotografía y el mirador les permiten olvidar sus problemas. La chica, Lisa, comienza a recoger sus cosas y Manuel se da cuenta de que no la va a ver más, así que la invita a comer. Ella acepta, y comienza una gran historia —todo gracias a un lindo atardecer—.

Summary of the story

Manuel is a photographer who always visits a lookout point on top of a hill inside a park, and on one particular day he decides to go, he runs into another person who is also taking pictures of the lovely view that can be seen from there. They soon start to talk, exchanging questions about each other's lives, and they realize that the pictures and the scene allows them to forget their problems and unwind. The girl, Lisa, begins to pack her things, and Manuel realizes that he'll never see her again unless he does something about it. He invites her to eat and she accepts—soon they begin a lovely story, all thanks to a beautiful sunset.

Vocabulary

mirador: lookout point
jamás ha dejado de impresionarme: I have never stopped being impressed
observar: observe
naturaleza: nature
colina: hill
admirar: admire
emoción: excitement
asombro: amazement
belleza: beauty
creció: grew
atardecer: sunset
don: gift
desciende: descends
horizonte: horizon
brisa: breeze
acariciaba: caressed
sensación: feeling
inconfundible: unmistakable
obturador: shutter
lo que significaba: what it meant
decepción: disappointment
consideré devolverme: considered going back
¡hola!: hi!
voz dulce y femenina: sweet and feminine voice

hay lugar para dos: there's enough space for two
cabellera rojiza: reddish hair
mejillas: cheeks
marrones: brown (plural)
nunca me había topado: I had never stumbled upon
hacer lo mismo: to do the same
espantando: scaring off
de ambas partes: on both sides
extendió la mano: offered a handshake
mucho gusto: nice to meet you
ruborizado: blushing
capturando una fotografía: taking a picture
pájaro en vuelo: bird in flight
descubriste: discovered it
profesional: professional
subirlas: upload them
nubes: clouds
disgusto: distaste
muchas peleas: many fights
exhausta: exhausted (feminine)
escapar de ellos: escape them

sinceridad: honesty

documentar: to document

soñador: dreamer

iluminaba: lit up

anaranjada: orange

rosada: pink

oscurecer: get dark

genial: great

mi sitio favorito: my favorite place

vayamos: let's go

restaurante de lujo: fancy restaurant

Questions about the story

1) ¿Cómo supo Manuel que había alguien más en el mirador?

   a) Escuchó su teléfono móvil
   b) La vio de lejos
   c) Llegó después de él
   d) Escuchó el obturador de su cámara

2) ¿De qué color era el cabello de la chica?

   a) Negro
   b) Rojo
   c) Amarillo
   d) Gris

3) ¿Con que actividad económica se mantiene Manuel?

   a) Trabaja 9 horas diarias
   b) Vende en un puesto dentro del mercado
   c) Vende fotografías a revistas y diarios, y las sube al blog
   d) Le pagan por ir a tomar fotos alrededor del mundo

4) ¿De qué color son los ojos de Manuel?

   a) Marrones
   b) Verdes
   c) Negros
   d) Azules

5) ¿Qué sirven en el sitio favorito de comida de Manuel?

   a) Hamburguesas
   b) Pizzas
   c) Pastas
   d) Parrillas

Answers

1) D
2) B
3) C
4) A
5) C

CHAPTER FOUR

Pronouns

El día del examen – The day of the exam

Francisco miró a Luisa y **le sonrió con nervios**. El día que **ellos** tanto habían **temido** finalmente **se** había **hecho presente**.

"Estamos a **pocos** minutos de nuestro último examen del **semestre**, no me imaginé que **nos sentiríamos** así", dijo Francisco secándose la frente. No **hallaba** qué hacer. El semestre **dependía** casi completamente de este examen **venidero**. "Siento que no sé nada; ¿**tú** tendrás alguna idea de **lo** que va a aparecer en esa **evaluación?**".

Luisa hizo un gesto de preocupación.

"**Ojalá fuera así**", dijo. "Me encantaría tener **algo** de **certeza**, algo que nos pudiera llenar de **seguridad**. Pero creo que nosotros no **somos** los únicos sintiéndonos así, **de todas maneras**", agregó. **Señaló** a los **otros estudiantes** que esperaban en el gran salón que sería **destinado** para el examen. Había muchas **caras atemorizadas**, **algunos** con caras peores que Luisa y Francisco.

"**Ninguno** acá tiene idea de lo que se viene, **realmente**, ¡y **todo** depende de lo que ocurra esta tarde!".

Los dos habían **dedicado** las **últimas** dos semanas a estudiar, descansando solo unos **pocos** momentos para almorzar o cenar; aun así, no parecía haber sido suficiente. La asignatura que **ambos** estudiaban era **sumamente difícil**. Otros de sus **compañeros** ya se habían **rendido** y **planeaban** inscribirla **nuevamente** el siguiente semestre. **Muchos otros** decidieron estudiar **a medias**, sintiendo **pocas esperanzas**.

Pero **este** no era el caso de Luisa y Francisco.

"¿No hay chance de **copiarnos**?", **pensó** Francisco **en voz alta**. Luisa lo miró con cara de pocos amigos.

"¿Qué te sucede? ¿Estás loco?".

Otras personas habían **intentado** copiarse con el profesor Hernández y habían recibido un **castigo ejemplar** cuando este los atrapó. No había **segunda** ni **tercera oportunidad** si eras atrapado; Hernández se **aseguraba** de que **pagaras el precio**.

"Algo. Bueno, a ver, ¿recuerdas todo lo que explicó en clase? Hay algunas cosas que **no me vienen a la mente** ahora. Temas **cuyo** contenido he olvidado".

"Sí, Fran. ¿Qué necesitas?".

El joven abrió su **cuaderno** y comenzó a **ojearlo**. Había una clase que no había copiado bien en su cuaderno y esto le causó una **confusión** al estudiar.

"¿Tu cuaderno habla sobre la **actividad biológica**? **El mío** no. **No copié** bien eso".

Luisa miró su propio cuaderno.

"¿Con qué te ayudo?".

Francisco **se encogió de hombros**.

"Yo creo que **lo mejor** es que me digas todo lo que sabes".

En ese momento, el profesor entró al salón. **Todos** los estudiantes comenzaron a **convertir** sus **conversaciones** en **susurros** y luego en silencio. Hernández miró a su alrededor a sus estudiantes, cuyas miradas lo seguían **con interés**.

38

"Bueno, ¿qué esperan? ¡Busquen asientos para sentarse y **presentar el examen!**".

La orden del profesor, la cual **no hacía falta repetir**, los hizo correr a todos a buscar dónde sentarse. Francisco se aseguró de sentarse justo detrás de su amiga Luisa. Ella parecía tener alguna idea de lo que él no sabía y, aun si no podían comunicarse entre sí, él podría **asomarse** para mirar su examen.

"Estaré **pasando** los exámenes a cada **fila**; son dos páginas y una hoja en blanco para **resolver**. ¿Tienen alguna pregunta? **Háganlas** todas ahora".

Francisco se rio **en voz baja** y susurró:

"¿Cuándo son las **inscripciones** para el siguiente semestre?".

Luisa no pudo evitar soltar una **pequeña carcajada**, haciendo que el profesor la mirara por unos segundos.

"¡Ya, **cállate**! Vas a hacer que me saquen".

Ya con los exámenes en su posesión, el profesor sonrió casi **con maldad** y levantó una mano.

"Pues comiencen… ¡ahora!". Lanzó su mano hacia abajo en un gesto de **arranque** y el silencio **absorbió** a todos los estudiantes.

Comenzó el examen; todos se **concentraron** en las hojas **delante de** ellos. Nadie miraba a su alrededor y todos tenían en mente la **presión** que existía en ese momento.

Francisco miró a Luisa: ya ella estaba **escribiendo** algunas respuestas. Miró al profesor: este lo miró de vuelta y lo **obligó a pretender** que estaba respondiendo.

Pero fue ahí, cuando Francisco miró su examen y empezó a leerlo, que **notó** algo.

*¡No era tan difícil como **había imaginado**!* Sus dedos comenzaron a mover el lápiz, rápidamente contestando cada pregunta como si todo esto que tenía enfrente era lo más fácil del mundo. Escribía, contestaba y seleccionaba respuesta por respuesta, tardando solo **un segundo** en cada pregunta. Cuando se dio cuenta, ya iba por la **segunda página**, donde las respuestas se hacían más complejas.

Aun con esta **nueva dificultad**, Francisco logró llegar a la última pregunta.

"Un momento", susurró con **preocupación**. La pregunta era algo que justamente no recordaba.

*"**A su juicio**",* decía la pregunta, *"¿**cuáles** son los **factores** para mejorar la actividad biológica? Explique".*

"**Demonios**", dijo. Trató de mirar el examen de Luisa, pero no lograba verlo. Vio a sus compañeros; ninguno iba a ayudarlo. Solo era **él contra el mundo**. "Aquí vamos", suspiró, y comenzó a escribir.

Media hora después, el profesor Hernández indicó que todos entregaran sus exámenes. Francisco estuvo entre los primeros en **levantarse** y **entregó** el suyo.

Luisa salió un momento después y lo miró.

"¿Qué tal te fue? ¿Pudiste **responderlas**?".

Francisco sonrió.

"Lo recordé todo; **al último momento** me regresó todo a la mente. Luisa... ¡**hemos pasado**!".

Los dos se abrazaron y **saltaron, celebrando** su gran victoria. Habían pasado el semestre, a pesar de todas las **circunstancias** y **dudas**. Su carrera, llena de tantas **trabas** y pruebas tan difíciles, ya casi se acercaba a su fin. Ambos estaban alegres y **aliviados**.

Y, ¿lo mejor de todo? Habían aprendido una **lección**: *¡**jamás** rendirse! Siempre hay una solución a todo lo que se venga.*

Resumen de la historia

Francisco y Luisa están sumamente preocupados: tendrán su último examen del semestre en unos minutos. Él recuerda que le falta algo por estudiar, pero ya es muy tarde y el profesor llega para comenzar el examen. Al mirar la prueba, Francisco se da cuenta de que no era tan difícil como había pensado y puede responder todo lo que se le presenta. Cuando alcanza la pregunta que no había estudiado bien, se asusta, pero logra recordar y finaliza su examen. Los dos estudiantes celebran al salir, sabiendo que ya pasaron el semestre.

Summary of the story

Francisco and Luisa are truly worried: they're having their final exam of the semester within a few minutes. He remembers that he's forgotten to study something, but it's too late and the teacher arrives to begin the test. When he starts looking at it, Francisco realizes that the exam isn't as difficult as he'd thought, and he manages to answer everything in front of him quite well. When he reaches the question he hadn't studied well, he gets scared, but manages to remember and finishes his test. The two students celebrate once they're out of the classroom, fully aware that they've passed their semester.

Vocabulary

le sonrió con nervios: smiled at her nervously

ellos: them

temido: feared

se: it

hecho presente: had come

pocos: few

semestre: semester

nos sentiríamos: we'd feel

hallaba: find

dependía: depended

venidero: upcoming

tú: you

lo: it

evaluación: evaluation

ojalá fuera así: I wish it were so

algo: a little

certeza: certainty

seguridad: security

somos: we are

de todas maneras: anyway

señaló: signaled

otros estudiantes: other students

destinado: destined

caras atemorizadas: fearful faces

algunos: some

ninguno: none

realmente: truly

todo: everything

dedicado: dedicated

últimas: last ones (feminine)

pocos: few (plural form)

ambos: both

sumamente difícil: very difficult

compañeros: classmates

rendido: given up

planeaban: planned (plural)

nuevamente: again

muchos otros: many others (plural form)

a medias: halfway

pocas esperanzas: little hope

este: this

copiarnos: copy from each other

pensó: thought

en voz alta: out loud

intentado: tried

castigo ejemplar: exemplary punishment

segunda oportunidad: second chance (feminine)

tercera oportunidad: third chance (feminine)

aseguraba: ensured

pagarás el precio: you'd pay the price

no me vienen a la mente: do not come to my mind

cuyo: which

cuaderno: notebook

ojearlo: eye it

confusión: confusion

actividad biológica: biological activity

el mío: mine

no copié: I didn't write

se encogió de hombros: shrugged

lo mejor: the best

todos: all of them

convertir: turned

conversaciones: conversations

susurros: whispers

con interés: with interest

presentar el examen: take the exam

no hacía falta repetir: didn't need to be repeated

asomarse: peek

pasando: passing

fila: row

resolver: solve problems

háganlas: do them (feminine)

en voz baja: in a low voice

inscripciones: enrollment

pequeña carcajada: small laugh

cállate: shut up

con maldad: evilly

arranque: start-up

absorbió: absorbed

concentraron: concentrated (plural)

delante de: in front of

presión: pressure

escribiendo: writing

obligó a pretender: forced him to pretend

notó: realized

había imaginado: had imagined

un segundo: one second

segunda página: second page

nueva dificultad: new level of difficulty

preocupación: worry

a su juicio: in your opinion

cuáles: which

factores: factors

demonios: dammit

él contra el mundo: him against the world

media hora: half an hour

levantarse: stand up

entregó: handed in

responderlas: answer them (feminine)

al último momento: at the last moment
hemos pasado: we've passed
saltaron: jumped (plural)
celebrando: celebrating
circunstancias: circumstances

dudas: doubts
trabas: barriers
aliviados: relieved
lección: lesson
jamás rendirse: never give up

Questions about the story

1) ¿Dónde se llevó a cabo el examen?

a) Auditorio

b) Jardín

c) Pequeño salón

d) Gran salón

2) ¿Cómo se llamaba el profesor?

a) Fernández

b) Hernández

c) Pérez

d) López

3) ¿Cuántas oportunidades daba el profesor si agarraba a un estudiante copiándose?

a) Cero

b) Tres

c) Una

d) Dos

4) ¿Cuál era el tema que Francisco no se sabía?

a) Reacciones químicas

b) Actividades físicas

c) Velocidad de reproducción

d) Actividad biológica

5) ¿Qué lección principal aprendieron los dos estudiantes?

a) No copiarse nunca

b) Estudiar más

c) No tener miedo

d) No rendirse

Answers

1) D
2) B
3) A
4) D
5) D

CHAPTER FIVE

Numbers

Cuidando a los niños – Taking care of the kids

Nina estaba sentada **tranquila** en **su cuarto**, **haciendo su tarea**. El profesor de la **tercera** clase de **la mañana** había indicado que les **asignaría cinco** largos **temas** para investigar. Se entregarían la **primera semana** del **mes siguiente**, y Nina ya estaba investigando el **segundo**.

Parecía que **nada** podría salir mal.

"¿Nina? ¡Nina!", gritó **la mayor** de sus **tres hermanas.**

"Oh, ¿ahora qué?", dijo Nina en voz baja. "¿Sí? ¡Pase!". No quería interrumpir sus estudios; **muy pocas veces** tenía chance de investigar en casa.

Mary entró con cara de preocupación; parecía que **una u otra cosa** le molestaba. Estaba **arreglada**, con **un par** de **tacones**, **una** blusa con **muchas** rayas y una falda larga. Nina **se imaginó** que quería algo de ella, pero ella solo quería estudiar.

"Hola, Nina. Oye, hermana...", comenzó **de una vez**, con el **tono de querer algo**. "¿Será que puedo dejarte a los niños para que los cuides por **dos horas**? Necesito salir, tengo una **inesperada entrevista de trabajo** y necesito conseguir uno, como ya sabes. Cuando ya esté trabajando **contrataría** a una niñera, **te lo prometo**".

Nina conocía los **numerosos** y **variados** problemas de su hermana y

47

entendía que necesitaba un trabajo. Suspiró y aceptó que tenía que ayudarla.

"Está bien, **cuidaré** a Juancito y Rebequita".

"¡Gracias!", gritó Mary, dándole **un beso en la frente** a su hermana. "Vengan niños, su tía los va a cuidar. Me voy, hermana, ¡nos vemos!".

Juan y Rebeca tenían **cinco** y **seis** años, respectivamente. Se acercaron corriendo a su tía Mary y la abrazaron por **unos largos instantes**.

"Gracias por cuidarnos, tía".

Enseguida, Nina supo que iba a tener que dejar sus **tres cuadernos** sobre el escritorio para estar pendiente de los niños. Los llevó a la sala y miró lo que había ahí.

"A ver, chicos: ¿quieren jugar con sus **juguetes**, mirar una **película**, ver algo en la televisión o **salir a correr**?". Esas **cuatro** actividades eran las cosas que más les **gustaban** a Juan y Rebeca, por lo que ella supo enseguida que iban a escoger **al menos una**.

"Queremos jugar videojuegos, tía", dijo Rebeca, y Nina **levantó una ceja**.

¿Es en serio?

"Está bien, nena, vamos a jugar videojuegos. ¡Vaya! Tienes **muchos** juegos, ¿cuál quieres poner?".

"Sí, ¡tenemos **cincuenta** juegos!", gritó Juan.

"Tonto, tenemos **cuarenta y dos**", dijo Rebeca. "Por favor, pon **el de los marcianos**".

Nina comenzó a buscar el de los marcianos, pasando cinco, **diez**, **quince** juegos antes de **alcanzarlo**.

"¿**Este**?", preguntó.

"¡Ese mismo!". **Introdujo** el juego y comenzaron a jugar. Nina lo miró y **le encantó**: era sobre un equipo de cuatro héroes que se **enfrentaban** a **hordas** de **alienígenas** armados. Disfrutó **tanto** mirarlos jugar que al final **no pudo aguantar más**. "¿Puedo jugar?", preguntó. Los niños **se rieron de ella** y le dejaron el control. "Gracias, niños".

Ahí pasó **varios minutos, aprendiendo, distrayéndose** por **al menos media hora**. Cuando dejó el control sobre la alfombra y fue a decirle algo a Juan, este no estaba.

De hecho, ninguno de los dos estaba. Los niños se habían desaparecido.

"¡¿Qué?!", gritó Nina. "¡Niños! *¡Niiiiñooooss!*".

Nada. Silencio. **Pasaron diez segundos** y Nina llamó de nuevo. *Absolutamente nada.*

Con nervios, Nina comenzó a buscarlos por la casa: detrás del sofá y debajo de la mesa; en los cajones grandes y tras el refrigerador. No estaban **por ningún lado**. Debajo de las camas, en los armarios y en el baño también buscó. *Nada, nada y nada. Tienen que estar en algún lado, ¿no?* Mary la iba a matar si regresaba de la entrevista y los niños no estaban, pero Nina tenía esperanzas de encontrarlos.

Abrió **el trío** de puertas de vidrio que llevaban al exterior de la casa y salió al jardín.

"¡Juan! ¡Rebeca!", gritaba **múltiples** veces, caminando de un lugar a otro. "Por favor, ¡salgan ya y dejen de **causarme preocupación**!".

El **disparo** la golpeó en el **hombro** y la hizo **gritar de terror**. Nina cayó al césped y pensó que **se estaba muriendo**… *aguarda, un momento…*

Era pintura.

Juan salió de entre **unos arbustos** con una pistola de *paintball* y se rio a carcajadas de Nina, la cual estaba furiosa. Rebeca apareció **un momento después**, desde otro arbusto, y comenzó a dispararle a Juan.

"¡Oye, no te rías de la tía!", dijo, aunque también se estaba riendo.

"No puede ser, ¡pensé que los habían **secuestrado**! ¡Tontos, **ambos**!", gritó Nina con rabia. Pero en ese momento vio también un arma de pintura en una mesa y sonrió malvadamente. "¡Pero **me las van a pagar**!".

Introdujo **un cartucho de perdigones** y comenzó a dispararles a ambos niños, asegurándose de no apuntar a sus caritas. **Huyeron**, corriendo entre los arbustos mientras la pintura cubría el césped a su alrededor. Nina escuchó un grito de Juan y se asustó nuevamente, corriendo a ver qué le había pasado.

Cuando llegó, fue **su turno** de reírse.

"Jajaja, ¡¿qué te pasó?!". Juan había **caído de cara** en **un pozo de lodo**. Estaba **cubierto** de esa mezcla marrón de pies a cabeza, y Rebeca no paraba de reírse. Ella también tenía toda la ropa llena de pintura, como Nina. El niño **comenzó a sollozar** y Nina **se compadeció**. "Vamos a casa, con cuidado, trata de no **ensuciar** nada".

Nina miró el reloj, ya había pasado **una hora**. Debía **apurarse** antes de que regresara Mary. El perro de la casa vino corriendo a ver qué sucedía y **saltó encima** de Rebeca, **ensuciándola** también.

"**Lo que faltaba**", dijo Nina con molestia. "Vamos, Toby, ¡deja de colaborar con el desastre!".

Entraron a la casa por la puerta trasera, **quitándose** los zapatos y la ropa sucia **poco a poco**. Nina sabía que tendría que bañar a los niños, y a ella misma, pero que tendría que hacerlo **rápido**.

"Estamos muy sucios; mi mamá nos va a regañar", dijo Juan con tristeza.

"Nada de eso, mi amor", respondió Nina. "**Apurémonos** y ya".

Comenzaron a bañarse, quitándose la capa externa de ropa sucia y asegurándose de sacar el sucio **con esfuerzo**. No podía **quedar ni una sola mancha** que los delatara, todos sabían esto.

Rápidamente, Nina lanzó la ropa sucia en una lavadora-secadora y miró **impacientemente** mientras el **montón de ropa** daba **docenas de vueltas**. Los niños se secaban con sus toallas, **haciendo énfasis en** su **cabello** para que no se notara que se habían bañado.

"¿Listos los dos?", dijo Nina, pero no le dio tiempo de terminar; enseguida oyeron el sonido de unas llaves.

La puerta de la casa se abrió y una Mary sonriente entró.

"Hermana, niños, ¡fui contratada!". Todos la felicitaron entre gritos y aplausos. Mary sonreía con suma alegría. Pero luego cambió su cara a una de sospecha, y todos se preocuparon. *Nos descubrió,* pensó Nina.

"¿Qué sucede?", preguntó la hermana **menor**.

"Mmm", dijo Mary, pensativa, y todos se pusieron sumamente nerviosos. "No, nada. Solo que la puerta trasera está abierta. No pasa nada".

La **mirada cómplice** de Nina con los niños fue muy curiosa y graciosa, pero lo que habían hecho esa tarde no saldría de entre ellos.

Sería su gran y **travieso** secreto.

Ahora, pensó Nina con felicidad, *¡a estudiar!*

Resumen de la historia

Nina se encuentra tranquila en su cuarto tratando de estudiar, deseando que nadie la interrumpa, cuando su hermana Mary entra en la habitación. Le pide que cuide a los niños porque tiene que ir a una entrevista de trabajo. Nina acepta y les ofrece varias actividades para distraerlos; al final escogen jugar videojuegos. La más distraída es Nina: los niños desaparecen y ella no los encuentra en ninguna parte; al final, sale desesperada a ver si están en el jardín y, sí, están ahí con pistolas de pintura. Entre una cosa y otra, terminan ensuciándose todos y deben bañarse y lavar su ropa rápidamente, antes de que regrese Mary. Justo cuando han terminado, llega Mary a la casa. Aunque parece sospechar de ellos, al final todo queda en secreto y Nina puede estudiar con tranquilidad.

Summary of the story

Nina is in her room, attempting to study in peace, and hoping that nobody interrupts her, when her sister, Mary, enters. She asks Nina to take care of the children because she has a job interview. Nina accepts and offers the kids several activities so that they can distract themselves; at the end they choose to play video games. The most distracted is Nina herself: the children disappear and she suddenly can't find them anywhere; at the end, she goes out of the house desperately and checks the garden for any sign of them, and they come out of some bushes and shoot her with paintball guns. One thing leads to another and they all end up dirty and must bathe and wash their clothing quickly before Mary returns. At the precise moment when they're finishing, Mary arrives at the house. Although she seems to suspect something is amiss, it all ends up a secret and Nina can study in peace.

Vocabulary

tranquila: peacefully
su cuarto: her room
haciendo su tarea: doing her homework
tercera: third (feminine)
la mañana: the morning
asignaría: would assign
cinco: five
temas: subjects
primera semana: first week
mes siguiente: following month
segundo: second
nada: nothing
la mayor: the eldest (feminine)
tres hermanas: three sisters
muy pocas veces: very rarely
una u otra cosa: one thing or another
arreglada: well-dressed
un par: a pair
tacones: high heels
una: one (feminine)
muchas: many (feminine)
se imaginó: imagined
de una vez: at once
tono de querer algo: tone of wanting something

dos horas: two hours
inesperada: unexpected
entrevista de trabajo: job interview
contrataría: I would hire
te lo prometo: I promise you
numerosos: numerous
variados: varied
cuidaré: I'll take care of
un beso en la frente: a kiss on the forehead
cinco: five
seis: six
unos largos instantes: a few long instants
enseguida: right away
tres cuadernos: three notebooks
juguetes: toys
película: movie
salir a correr: go out for a run
cuatro: four
gustaban: liked (plural)
al menos una: at least one
levantó una ceja: lifted an eyebrow
¿es en serio?: really?
muchos: many
cincuenta: fifty

cuarenta y dos: forty-two

el de los marcianos: the one about the martians

diez: ten

quince: fifteen

alcanzarlo: reach it

este: this one

introdujo: inserted

le encantó: loved it

enfrentaban: faced

hordas: hordes

alienígenas: aliens

tanto: so much

no pudo aguantar más: couldn't stand it anymore

se rieron de ella: they laughed at her

varios minutos: several minutes

aprendiendo: learning

distrayéndose: distracting him/her/itself

al menos: at least

media hora: half an hour

pasaron diez segundos: ten seconds passed

cajones: drawers

por ningún lado: nowhere around

algún lado: somewhere

el trío: the trio

múltiples: multiple

causarme preocupación: worrying me

disparo: shot

hombro: shoulder

gritar de terror: scream in terror

se estaba muriendo: she was dying

unos arbustos: some bushes

un momento después: one moment later

secuestrado: kidnapped

ambos: both of you

me la van a pagar: you'll pay for it (plural)

un cartucho de perdigones: a cartridge of pellets

huyeron: fled (plural)

su turno: his/her/its turn

caído de cara: fallen face first

un pozo de lodo: a pool of mud

cubierto: covered

comenzó a sollozar: started to sob

se compadeció: felt pity

ensuciar: to soil/dirty

una hora: one hour

apurarse: hurry

saltó encima: jumped onto

ensuciándola: getting her dirty

lo que faltaba: just what we needed

quitándose: taking off their

poco a poco: bit by bit

rápido: quickly

apurémonos: let's hurry

con esfuerzo: with effort

quedar ni una sola mancha: there could not be a single stain left

impacientemente: impatiently

montón de ropa: bundle of clothes

docenas de vueltas: dozens of turns

haciendo énfasis en: making an emphasis on

cabello: hair

menor: younger

mirada cómplice: knowing look

Questions about the story

1) ¿Cuántos temas tenía que investigar Nina?

a) Uno

b) Dos

c) Tres

d) Cinco

2) ¿Cuántas hermanas tenía Nina?

a) Tres

b) Cuatro

c) Una

d) Cinco

3) ¿Qué edades tenían Juan y Rebeca?

a) Dos y Tres

b) Cuatro y Seis

c) Cinco y Seis

d) Seis y Cinco

4) ¿Qué le hicieron los niños a Nina?

a) Tirarle una piedra

b) Hacerla caer en un pozo de lodo

c) Golpearla

d) Dispararle

5) ¿Cuánto tiempo estaría Mary fuera de casa?

a) Media hora

b) Una hora

c) Dos horas

d) No especifica

Answers

1) D
2) A
3) C
4) D
5) C

CHAPTER SIX

Adjectives

Un paseo pintoresco – A picturesque stroll

Alicia por fin abrió sus **lindos** ojos **verdes** y observó lo que Daniel le tenía de sorpresa. La **cálida luz del sol** la hizo **entrecerrarlos** por un momento, pero pudo **visualizar** el camino que **yacía** delante de ellos.

"**Increíble**… **espectacular**…", suspiró, y Daniel sonrió con **orgullo**. La había traído al **casco histórico** de la ciudad de París, ese **famoso sitio** que tantos deseaban visitar en cualquier **época** del año. No había nada **parecido** a ese lugar tan **especial**; ni un solo sitio en el mundo era **comparable** a la **hermosura** de París.

"Sí, y es todo para ti, para que lo disfrutes en nuestro aniversario".

Alicia abrazó **fuertemente** a su esposo y lo **besó** con **pasión**, haciéndolo **sonrojar** de **manera tierna**. Había esperado una **bonita** sorpresa para su aniversario, pero jamás algo tan especial como esto.

"Eres el **mejor** esposo del mundo". Ella también le tenía una sorpresa, pero iba a tener que esperar un poco. "¿Hacia dónde iremos primero? Veo la **imponente** Torre Eiffel a lo lejos; el **majestuoso** Arco de Triunfo también está a poca distancia. Quizás podamos visitar el **impresionante** Palacio de Versalles y sus **enormes** jardines antes de que cierren".

"Sí, mi **hermosa** esposa. Podemos hacer todo eso si así lo deseas".

Alicia y Daniel se habían conocido cinco años antes, en una fiesta de fin de año de su trabajo. Había sido un **gran** momento para los dos: el amor fue casi **a primera vista**.

Alicia era una mujer **ambiciosa**, **valiente** y **llena de sueños**; Daniel era **aventurero** y **amoroso**. **Encajaban perfectamente** y se llevaban de forma **genial**.

Caminaron de manera **lenta** y **distraída** por las calles, mirando las bellas prendas de ropa que había en cada tienda. Todas las marcas en esta ciudad eran de la **mayor calidad**: ropa de los más **altos estándares** de la moda, lo único que se podría esperar de una capital de los **diseñadores**, como lo era París.

"Que no se nos haga tarde", dijo Daniel. "Quiero que aprovechemos para comer unos deliciosos **postres**".

Era una idea perfecta; Alicia lo tomó de la mano y juntos se fueron a una gran **pastelería** que se ubicaba en la avenida **principal**. Era **colorida** y **elegante**, con **frescos** dulces detrás de **brillantes vitrinas**. Las **empleadas** servían a cada cliente con una **agradable** sonrisa, y la pareja se acercó curiosa a ver qué dulces podían gustarles.

"¡Hay de todo!", exclamó Daniel, "¡**crujientes milhojas**, **suaves pudines**, **jugosas tartaletas** y **exquisitos profiteroles**! ¡Además de helados y más de diez tipos de torta también!". Era una increíble variedad y ambos comenzaron a elegir con paciencia para evitar **quedarse con las ganas**.

Poco a poco, llenaron sus platos y fueron a sentarse a una mesa donde se miraban **románticamente** mientras **degustaban** sus **ricos** postres, los cuales compartían para probar de ambos tipos.

Salieron de nuevo, al culminar su degustación, y vieron cómo las parejas caminaban **felices** a su alrededor: realmente París era la ciudad del amor. Todos estaban **alegres**. Muchos turistas con sus cámaras fotográficas capturando esos instantes **únicos** y perfectos de cada momento que pasaba. Las familias **paseaban** con sus niños y estos pequeños estaban tan **maravillados** como sus padres. No era **común** una ciudad tan **perfectamente construida** como esta, y cualquier ser humano podría **admirarla**.

"Quisiera vivir acá el resto de mi vida", suspiró Alicia, viendo como paseaba una romántica pareja en un **carruaje de caballos**. Era algo especial, como de las viejas historias o películas que ambos amaban; era volver a un tiempo cuando estas cosas aún eran **comunes** en el mundo. "Lo amo, ¡amo París!".

Daniel besó a Alicia y comenzaron su tour de verdad. La Torre Eiffel fue su primera visita, en la que lograron subir hasta el **máximo** piso **permitido**, pudiendo así observar la ciudad entera con admiración. Tras hacer esto, bajaron nuevamente y se dirigieron a los famosos Jardines de Versalles, los cuales los dejaron sin aliento —no eran como nada que ellos hubiesen visto antes—. Luego fueron al Museo Louvre, que era un **sueño hecho realidad** para Daniel, el cual era amante del arte y la historia. Siguió el Grand Palais, donde pudieron disfrutar de un evento de **gastronomía** que aseguró llevar al éxtasis a sus **papilas gustativas**.

Para el final de este tour, ya comenzaba a **anochecer** y ambos estaban **cansados**. Daniel suspiró y miró a Alicia.

"¿Te parece si vamos a descansar, mi cielo?", preguntó.

"¡Sí, de acuerdo!", ella le respondió. Ella aún tenía una sorpresa, y casi se acercaba el momento de revelarla.

"Oye", dijo Daniel, **de manera distraída**. "Vamos a tomar un taxi hacia el hotel que reservé. No es el mejor, pero era para lo que me alcanzaba el **presupuesto**".

"Claro", dijo Alicia, con cierta **picardía** escondida en su sonrisa.

Llamó a un taxi, pero habló **rápidamente** con el **chofer** antes de que Daniel se acercara. "Está bien, ya le indiqué al taxi hacia dónde ir. ¿Vamos?", preguntó a Daniel, y este la miró **extrañamente**.

"¿Cómo dices? ¿Está todo bien?", cuestionó Daniel, pero Alicia se mantuvo en silencio.

El taxista arrancó el automóvil y los tres fueron lentamente por la ciudad, saliendo del casco histórico en el cual habían estado momentos antes. Daniel miraba de forma rara a Alicia, y finalmente tuvo que preguntar.

"¿Hacia dónde nos lleva, señor? ¿Qué sucede, Alicia? Ya pasamos el hotel".

Alicia solo sonrió.

"Ya verás". Pasaron diez minutos así, con el auto en silencio mientras el chofer los llevaba a su destino.

Cuando llegaron, Daniel quedó **impresionado**. Estaban frente al mejor hotel de la ciudad. El taxista se fue, y la pareja se detuvo a admirar el edificio delante de ellos.

"¿Haremos un recorrido por este hotel o qué? Es la única forma de mirarlo sin pagar, jamás podría costear esto".

"Ya basta", dijo Alicia, **interrumpiéndolo**. "Deja de querer **costear** todo. Con el viaje fue suficiente; no siempre puedes ser tú quien me sorprende y me **consiente**. Este es mi regalo para ti, mi esposo **amado**. Pasaremos el fin de semana acá".

Lágrimas de **emoción** comenzaron a formarse en los ojos de Daniel: no podía creerlo.

"Es... no puede ser...".

Alicia lo tomó de la mano.

"Pues sí puede ser. Ahora, vamos a entrar y disfrutar de nuestra **reservación**. Jamás dejaré de sorprenderte, mi amor, y menos en esta fecha tan perfecta. **Te amo**".

Y así, continuaron las vacaciones de aniversario más especiales de sus vidas.

Resumen de la historia

Alicia y Daniel son una pareja casada que acaba de llegar a París por unas vacaciones en su aniversario; él las reservó, pero ella también tiene una sorpresa. Primero, admiran lo bello de la ciudad antes de pararse a comer unos postres; luego, se van a conocer una variedad de sitios emblemáticos de esta capital. Cuando ya están cansados y está anocheciendo, Daniel decide que se vayan, pero Alicia tiene algo con que sorprenderlo. Se van en un taxi al hotel, pero no es el hotel que Daniel tenía planeado —es el mejor de la ciudad—. Ahora sí, Alicia revela su gran regalo de aniversario por el fin de semana, y ambos disfrutan las vacaciones de su vida.

Summary of the story

Alicia and Daniel are a married couple that has just arrived in Paris for a special anniversary trip: he reserved the holiday, but she also has a surprise up her sleeve. First, they admire the beauty of the city from afar, before stopping for some delicious desserts; they then head out to a variety of emblematic sights of the capital. Once they're too tired to continue and it's getting dark, Daniel decides it's time to go, but Alicia still has something planned. They leave in a taxi in the direction of the hotel, but it's not the hotel that Daniel had planned—it's the best in the entire city. Now, Alicia has finally revealed her great anniversary present for the weekend, and both of them enjoy the vacations of their life.

Vocabulary

lindos: pretty (plural)

verdes: green (plural)

cálida: warm (feminine)

luz del sol: sunlight

entrecerrarlos: squint

visualizar: catch sight of

yacía: lay/lie

increíble: incredible

espectacular: spectacular

orgullo: pride

casco histórico: historic center

famoso sitio: famous place

época: time/season

parecido: resembling

especial: special

comparable: comparable

hermosura: beauty

fuertemente: strongly

besó: kissed

pasión: passion

sonrojar: blush

manera tierna: cute way

bonita: nice

mejor: best

imponente: imposing

majestuoso: majestic

impresionante: impressing

enormes: enormous (plural)

hermosa: beautiful (feminine)

gran: great

a primera vista: at first sight (feminine)

ambiciosa: ambitious (feminine)

valiente: brave

llena de sueños: full of dreams (feminine)

aventurero: adventurous

amoroso: loving

encajaban: fit together

perfectamente: perfectly (feminine)

genial: great

lenta: slow (feminine)

distraída: distracted (feminine)

bellas: beautiful (feminine, plural)

mayor calidad: best quality

altos estándares: high standards

diseñadores: designers

postres: desserts

pastelería: bakery

principal: main

colorida: colorful

elegante: elegant

frescos: fresh (plural)

brillantes: shiny (plural)
vitrinas: displays
empleadas: workers (feminine)
agradable: pleasant
crujientes: crunchy (plural)
milhojas: millefeuille
suaves: soft (plural)
pudines: puddings
jugosas: juicy
tartaletas: tarts
exquisitos: exquisite (plural)
profiteroles: profiterols
quedarse con las ganas: miss out
románticamente: romantically
degustaban: savoured (plural)
ricos: delicious (plural)
felices: happily (plural)
alegres: content (plural)
únicos: unique (plural)
paseaban: strolled (plural)
maravillados: amazed (plural)
común: common
perfectamente construída: perfectly built
admirarla: admire it (feminine)

carruaje de caballos: horse carriage
comunes: common (plural)
máximo: highest
permitido: allowed
sueño hecho realidad: a dream come true
gastronomía: cuisine
papilas gustativas: taste buds
anochecer: growing dark
cansados: tired (plural)
de manera distraída: distractedly
presupuesto: budget
rápidamente: quickly
chofer: taxi driver
extrañamente: strangely
impresionado: impressed
interrumpiéndolo: interrupting him
costear: assume the costs
consiente: spoils
amado: beloved
emoción: emotion
reservación: reservation
te amo: I love you

Questions about the story

1) ¿De qué color son los ojos de Alicia?

   a) Verdes
   b) Azules
   c) Marrones
   d) Negros

2) ¿Hace cuántos años se conocieron Daniel y Alicia?

   a) Tres
   b) Cuatro
   c) Uno
   d) Cinco

3) ¿Dónde se conocieron?

   a) En una salida grupal
   b) En el trabajo
   c) En una fiesta de fin de año
   d) Por internet

4) ¿En qué medio de transporte fueron al hotel?

   a) Tren
   b) Avión
   c) Carruaje de caballos
   d) Taxi

5) ¿Qué sorpresa tenía Alicia?

   a) Una caja de regalo
   b) Una invitación a un evento
   c) Una reservación al mejor hotel
   d) Unos postres en la mejor pastelería

Answers

1) A
2) D
3) C
4) D
5) C

CHAPTER SEVEN

Verbs (Infinitive)

Los Juegos Olímpicos – The Olympic Games

Todo está preparado, los grandes eventos están programados y el espectáculo se encuentra cerca de **empezar**. Los **atletas participantes** van a **disputar** las **medallas** a **ofrecer**; todos tienen la esperanza de **ganar** en sus **disciplinas**.

La **prensa** comienza a **llegar**: los **reporteros** van a **realizar** entrevistas y los **camarógrafos** a **grabar**. Cada cuatro años se da este evento **de suma importancia** —los jóvenes comienzan a **practicar** desde mucho antes y la **fanaticada** a **hablar** de los talentos que van a **disfrutar** y **observar** en cada competición—. La **delegación de cada país** termina de **preparar** a sus equipos para los numerosos eventos a **iniciar** próximamente, y sus **deportistas** comienzan a **entrenar** y **pulir los últimos detalles** antes de que se lleve a cabo esta **serie de actos**.

Nosotros, los **espectadores**, nos **preparamos** para observar todo esto que va a **ocurrir** en unos días. Podremos **mirar** los eventos por la televisión y por Internet; y las **redes sociales** nos podrán facilitar una plataforma para admirar a nuestros **deportistas favoritos**.

Algunos atletas van a **correr** —los esperan las **pistas** de **carrera corta**, las de **maratón** y las de **obstáculos**—; otros van a **saltar** —para ellos están los **saltos de altura** y **salto largo**—; habrá quien quiera **medir** su fuerza —las **pesas** de múltiples tipos estarán disponibles para **levantar**—; además, habrá muchos eventos de **lanzamientos**, ya sea de **disco**, **bala**, **jabalina** y **martillo**.

Para los que aman **nadar**, estarán las grandes competencias de **natación** en las enormes piscinas que se van a **estrenar**. También tenemos los otros eventos de lanzamiento y **natación sincronizada**, los cuales vamos a **poder** admirar en distintos momentos de los Juegos.

El equipo de **Estados Unidos de América** se presenta como el favorito para llevarse más medallas, pero tendrá una gran rivalidad con Rusia, China y el **Reino Unido**, quienes van a **luchar** contra ellos **ferozmente**. Cada país va a **pelear** por ser el mejor, pero solo uno lo va a **lograr**.

Los Juegos Olímpicos son uno de los pocos eventos que logran **reunir** a todo el mundo en una sola intención y misión, y por esto hay que **considerar** que es un **gran invento de la humanidad**. Si todos pudiéramos **encontrar** más formas de **trabajar** juntos, tendríamos un mundo más **pacífico** y agradable. Los Juegos Olímpicos y eventos parecidos a este sirven para **demostrar** que sí se pueden **resolver** las diferencias que tenemos como planeta.

Finalmente va a empezar —los mejores del mundo ya caminan ante las cámaras y todos saben quiénes son los favoritos a ganar—. La **gran ceremonia** ya está por comenzar: muchos famosos irán a **cantar**, a su alrededor montones de bailarines harán un **gran espectáculo** y las luces y fuegos artificiales ya se ven **brillar**. No habrá nadie que se quede sin **ver** este enorme evento, ni siquiera los **líderes de las naciones** que se ven llegar.

Los mensajes positivos de los deportistas se hacen **difundir**: palabras de **tolerancia**, peticiones por la paz y otras declaraciones que intentan **cambiar** la **mentalidad** del mundo. Es un momento lleno de mucha **alegría** y **esperanza**, y todos comienzan a **imaginar** un mundo mejor.

"¿Ya?", pregunta un niño a su madre, los dos sentados frente al televisor, esperando el primer evento con una esperanza que cualquiera podría **envidiar**.

"Ya casi", contesta su madre, quien no puede evitar **sonreír**.

El niño desea ver las competencias de boxeo; su país tiene un fuerte **competidor** con altas oportunidades de **triunfar**. Él mismo iba a ver al boxeador pelear en la arena de su ciudad, la ciudad capital de la nación. Era un **boxeador estrella**, que nadie había logrado **derrotar** hasta ahora.

Su madre está esperando disfrutar las competencias de natación: de niña, ella siempre amaba nadar, y su padre era quien la ayudaba a entrenar. Sueña aún con haber ido a unos Juegos Olímpicos ella misma y **llevarse** una medalla dorada para **enorgullecer** a todos en casa. *Quizás mi hijo pueda ser quien pueda **obtener** ese premio tan deseado.*

En otra nación más **pobre**, un grupo de hombres adultos mira una pantalla en una sala, disfrutando de este evento. Uno de sus amigos está allí como atleta en las carreras cortas: va a correr y **desafiar** a los mejores del mundo, quizás dando chance de que se dé a conocer su nación como campeona. Todos lo apoyan.

En la casa de una familia de **buena posición económica**, una niña decide **encender** la televisión para presenciar estos juegos. Es apenas una **pequeña**, pero ha escuchado hablar de todo lo que sucede en este evento deportivo. Es su sueño **llegar** allí: ya practica gimnasia en su escuela, una actividad que piensa llegar a **dominar**.

Finalmente, un chico también mira los eventos, pero ya como **participante** de ellos —es un **representante** y **capitán del equipo de fútbol olímpico** de su país—. Es de una nación muy pobre que tenía pocas esperanzas de llegar, pero ahí estaban, alegres y

emocionados, sin saber qué posición les esperaba. Todos ellos tenían de qué **enorgullecerse**, sabiendo que ya habían conseguido un **gran logro**, pero que aún había más por **alcanzar**.

Es esta la **magia** de los Juegos Olímpicos… la posibilidad de demostrar que se tiene la fuerza y la voluntad para triunfar, para dar todo de sí y jamás rendirse ante las dificultades que puedan **surgir**. Todo mientras intentan enorgullecer a la **nación de donde provienen, dando un mensaje claro** al mundo de que sí se puede.

Y, mientras toda esta lucha ocurre, existe una cosa más: decir al mundo que sí se puede **competir sanamente**, que todos tenemos el poder de **luchar sin violencia, pelear sin armas**. Y que sí debemos **buscar** la paz y el **equilibrio**, debemos siempre **creer en** este tipo de competencias, las que hacen que **el mundo entero se detenga** para disfrutar de ellas.

Y es así como se declara **el gran comienzo** de los Juegos Olímpicos de este año. ¡**Que gane el mejor**!

Resumen de la historia

Los Juegos Olímpicos ya van a empezar: ese evento que se da cada cuatro años, que logra captar la atención de tantos y unir al mundo de una forma inigualable. Todos los participantes tienen la gran oportunidad de llevarse la gloria y enorgullecer a su nación, y además, millones de espectadores estarán disfrutando de cada momento. Alrededor del mundo hay personas de distintos países y estratos sociales mirando, y con eso se evidencia algo muy importante: eventos como los Juegos Olímpicos unen a la humanidad en una importante lucha sin violencia y logran que consigamos la paz, aunque sea brevemente.

Summary of the story

The Olympic Games are about to begin: this event which takes place every four years and which captures the attention of so many people and unites the world in an incomparable way; all of the participants have the immense opportunity of taking glory back home and making their nation proud, as well as making millions of viewers happy. Around the world there will be people of all countries and social circles watching, and with this something becomes evident: events like the Olympic Games unite humanity in one important fight without violence and allow us to find peace, if only briefly.

Vocabulary

empezar: start
atletas participantes: participating athletes
disputar: fight for
medallas: medals
ofrecer: to be offered
ganar: win
disciplinas: disciplines
prensa: press
llegar: arrive
reporteros: reporters
realizar: do/carry out
camarógrafos: cameramen
grabar: film
de suma importancia: of utmost importance
practicar: practice
fanaticada: fans
hablar: talk
disfrutar: enjoy
observar: observe
delegación de cada país: Delegation of each country
preparar: prepare
iniciar: begin
deportistas: athletes
entrenar: train
pulir los últimos detalles: polish the final details

serie de actos: series of acts
espectadores: TV viewers
preparamos: get ready
ocurrir: happen
mirar: watch
redes sociales: social media
deportistas favoritos: favorite sportsmen/women
correr: run
pistas: tracks
carrera corta: sprint
maratón: marathon
obstáculos: hurdle
saltar: jump
saltos de altura: high jump
salto largo: long jump
medir: measure
pesas: weights
levantar: lift
lanzamientos: throwing/throws
disco: discus
bala: shot-put
jabalina: javelin
martillo: hammer
nadar: swim
natación: swimming
estrenar: used for the first time

natación sincronizada: synchronized swimming

poder: be able to

Estados Unidos de América: United States of America

Reino Unido: United Kingdom

luchar: struggle/combat

ferozmente: ferociously

pelear: fight

lograr: accomplish

reunir: gather

considerar: consider

gran invento de la humanidad: great invention of humanity

encontrar: find

trabajar: work

pacífico: peaceful

demostrar: demonstrate

resolver: resolve

gran ceremonia: great ceremony

cantar: sing

gran espectáculo: great spectacle

brillar: light up

ver: see

líderes de las naciones: leaders of the nations

difundir: spread

tolerancia: tolerance

cambiar: change

mentalidad: mentality

alegría: joy

esperanza: hope

imaginar: imagine

envidiar: envy

sonreír: smile

competidor: competitor

triunfar: triumph

boxeador estrella: star bóxer

derrotar: defeat

llevarse: take home

enorgullecer: make proud

obtener: obtain

pobre: poor

desafiar: challenge

buena posición económica: good economical position

encender: turn on

pequeña: little

dominar: dominate

participante: participant

representante: representative

capitán del equipo de fútbol olímpico: captain of the olympic football team

emocionados: excited (plural)

enorgullecerse: be proud of

gran logro: great achievement

alcanzar: accomplish

magia: magic

surgir: arise/emerge

nación de donde provienen: nation from which they're from

dando un mensaje claro: giving a clear message

competir sanamente: compete healthily

luchar sin violencia: combat without violence

pelear sin armas: fight without weapons

buscar: seek

equilibrio: equilbrium/balance

creer en: believe in

el mundo entero se detenga: the whole world stops

gran comienzo: great beginning

que gane el mejor: let the best man win

Questions about the story

1) **¿Cuáles son los tipos de carreras que habrán?**

   a) Corta, mediana y larga
   b) Corta, rápida y lenta
   c) Obstáculos, larga y corta
   d) Corta, maratón y obstáculos

2) **¿Qué tipos de competencias de lanzamiento existen?**

   a) Bala, jabalina y baloncesto
   b) Bala, martillo, jabalina y disco
   c) Baloncesto, béisbol y voleibol
   d) No especifica

3) **¿Cuál es la nación favorita para llevarse más medallas?**

   a) Reino Unido
   b) China
   c) Rusia
   d) Estados Unidos

4) **¿Qué deporte quiere ver el niño de la historia y cuál su madre?**

   a) Fútbol y voleibol
   b) Ambos natación
   c) Pesas y carrera corta
   d) Boxeo y natación

5) **¿Cuál de estas cosas NO es lo más importante en los Juegos Olímpicos?**

   a) Ganar más medallas
   b) Competir sanamente
   c) Buscar la paz y el equilibrio
   d) Luchar sin armas

Answers

a) D
b) B
c) D
d) D
e) A

CHAPTER EIGHT

Adverbs

Tarde para la clase de idiomas – Late for language class

Fernando miró **desesperadamente** su reloj: era **tarde** y aún no había llegado a la **primera y más importante** clase del día —la clase de idiomas con el Profesor García—. Hoy les iba a **enseñar** los adverbios y su clasificación, y Fernando quería **llegar a tiempo** para que el profesor no lo tratara **mal nuevamente**, como ya lo había hecho en dos ocasiones.

"Vamos, vamos", susurró impacientemente, esperando el autobús que lo llevaría hasta la universidad y **deseando** que no fuera **demasiado** tarde para llegar. "Allí estás, ¡por fin!", **exclamó un segundo después**, viendo cómo el gran vehículo doblaba **lentamente** por la esquina de la cuadra, acercándose **poco a poco hacia** él.

Un poco **deprisa**, Fernando saltó y se subió en la unidad de transporte, **pagándole** primero al chofer y luego sentándose en un asiento. Su universidad estaba a **solo** diez minutos, pero eran minutos que le pesarían **bastante**; se sentía más **lejos** que **nunca** de llegar a la clase y le parecía que **casi** no andaba el autobús.

"**Rápido**, oye", le dijo al chofer, pero este lo miró con desprecio. "Es que voy tarde, **amigo**, disculpa".

El chofer se encogió de hombros y siguió su camino, tan **despacio** como antes.

Cuando finalmente llegó a la universidad, Fernando se lanzó del bus y corrió lo más rápido que pudo, pasando la entrada a una velocidad impresionante. Las personas a su alrededor miraban con curiosidad a este chico corriendo dentro del centro de estudios, pero él los ignoró a todos.

El edificio donde veía su clase estaba un **poco lejos**, pero parecía que iba a llegar **justo a tiempo**. **Tanto** apuro no iba a acabar en fracaso. Subió las escaleras **velozmente** y llegó hasta el pasillo indicado, **finalmente** abriendo la puerta.

"Vaya, vaya", dijo una voz familiar de forma despectiva. Fernando se detuvo, sorprendido, en la puerta del salón. Estaba **completamente** lleno. Miró su reloj: era un minuto **después** del inicio de la clase. "Tarde de nuevo, Fernando".

¿Es en serio? Se preguntó Fernando. ¡Era **únicamente** un minuto de demora! No quería ser humillado tan **públicamente**, pero era **obvio** que **pronto** venía esta consecuencia por su tardanza.

"**Disculpe**, profesor", dijo Fernando **simplemente**. "No volverá a pasar **jamás**".

"Sí, **seguro** que no", respondió con sarcasmo el Profesor García.

Fernando suspiró y **controló su lengua** para no decir nada más.

"¿Puedo sentarme?".

El profesor lo miró **fijamente** con una sonrisa. Había **maldad** allí, en esa expresión. Pronto **tomaría su decisión**, y no sería nada positiva para Fernando.

"A ver, quiero que me des **nueve ejemplos de adverbios**, **asegurándote** de que cada uno sea de **una clase distinta**". La sonrisa en la cara del Profesor García crecía lentamente, y Fernando **experimentaba** un sentimiento **peor** que el odio.

"Pero profesor, esa es la clase de hoy…".

"**Sí**", confirmó García, "pero si has llegado tarde es porque debes saber bastante de ellos". Tenía una expresión más **triunfante** que nunca, y Fernando supo que no había salida.

"De acuerdo, empecemos". Hizo su mejor esfuerzo y recordó uno por uno. "**Cerca, un adverbio de lugar**; **nunca, adverbio de tiempo**; **así, adverbio de modo**; **poco, adverbio de cantidad**; **cierto, adverbio de afirmación**; **no, adverbio de negación**; **primeramente, adverbio de orden**; **quizá, adverbio de duda**… y…". Se le había olvidado la última clase. "Y la última es…" Nada. No recordaba.

"Vamos, chico genio", le dijo el profesor **cruelmente**. "Tú sabes todas las respuestas".

Fernando estaba aguantándose para no insultar a su profesor por su **malicia**; ¿cuándo pudo haber estudiado los adverbios si no había visto esa clase? *Un momento,* pensó Fernando, *¡**cuándo** es un adverbio!*

"¡**Cuándo, adverbio interrogativo**!".

La sonrisa en la cara del profesor se borró por completo.

"Pues tienes razón, lo es. Creo que tuviste suerte o alguien te dijo la respuesta", dijo **rencorosamente**, mirando con **rabia** a sus estudiantes. "Siéntate y comencemos la clase ahora mismo".

Fernando se fue hacia su asiento, sintiendo las miradas de sus compañeros. Había **respeto** de su parte hacia él, ya que pocas personas lograban callar al Profesor García, **mucho menos** de la forma en que él lo había hecho.

"**¿Cómo hiciste** para recordar?", le preguntó un compañero en voz baja, pero Fernando solo se encogió de hombros.

Ahora comenzó a hablar el profesor, parándose frente a la pizarra y hablando bastante acerca de este tipo de palabras que iba a evaluar en el examen venidero. Solamente paraba para tomar aliento, y nunca preguntó si todos habían entendido. **Muy pocos estudiantes** lo detuvieron para hacer preguntas, y tuvieron que escribir **tanto** que llegó un momento en que Fernando pensó que se le caería la mano.

Finalmente, el Profesor García parecía estar cerca de terminar su clase. Ya iba más despacio y daba más ejemplos al pasar el tiempo, como si ya estuviera concluyendo. Fernando miró al profesor a los ojos, y este le devolvió la mirada aún con una expresión **malévola**, quizás hasta peor que antes.

"De acuerdo, jóvenes", dijo el profesor con forzada alegría a los estudiantes delante de él. "Ya saben, deben practicar para este examen y tratar de salir muy bien; no voy a dar chance a los que no puedan alcanzar la calificación mínima para **aprobar**. Por favor, estudien los ejemplos lo más que puedan". En ese momento miró a Fernando. "Estudiante, quédese un momento; debemos hablar".

Algunos de los compañeros de Fernando lo miraron, pero nada ocurrió hasta que todos se hubieron ido lejos, dejando **solos** a Fernando y al **sospechoso** profesor. **Más temprano que tarde**, algo malo iba a suceder. **Quizás** sería ahora, quizás más adelante.

García lo miró con una **expresión extraña**, la cual mostraba algo de **respeto mezclado con rabia**.

"¿Cómo hiciste para recordar los adverbios, si nunca te los había enseñado y tampoco tuviste muchos días de antelación?".

Fernando quería reírse, pero sabía que hacerlo era buscar quedar mal con su nuevo rival.

"Pues estudié en casa toda la noche; es **por eso mismo** que llegué un minuto tarde a su clase, por lo que intentó humillarme".

"¿Es en serio?", preguntó García, **repentinamente** avergonzado.

"Sí".

En ese momento, el profesor miró a Fernando e inclinó la cabeza.

"Lo siento mucho, no pensé que era así".

Fernando se dio la espalda y caminó hacia la puerta **pacientemente,** parándose detrás de esta.

"Tranquilo, profesor", dijo por encima de su hombro. "Todos cometemos errores".

Con esto se fue, y **más nunca** tuvo problemas con el Profesor García.

Resumen de la historia

Fernando es un joven estudiante que, debido a un atraso de su autobús, llega tarde a una clase de idiomas y es humillado por el cruel profesor. Aun así, logra recuperarse del mal momento y voltea la situación a su favor, saliendo triunfador y evitando la vergüenza que su profesor había intentado causarle. Tras pasar las horas de clase y luego culminar la misma, el profesor se acerca para preguntarle cómo sabía el contenido de la clase; Fernando responde que solamente llegó tarde porque estuvo estudiando para la clase toda la noche, dejando a su profesor sin palabras y disculpándose.

Summary of the story

Fernando is a young student who, thanks to a delay in his public transport, arrives late to his language class and is humiliated by the cruel teacher. Even so, he manages to recover before the situation gets worse and even turns it around in his favor, ending up triumphant and avoiding the embarrassment that his teacher was attempting to put him through. After hours of class pass on and it finally ends, the teacher approaches him to ask how he'd known the content of the class; Fernando simply responds that he arrived late to class because he'd spent all night studying for it, and this leaves his professor not only shocked but ashamed.

Vocabulario

desesperadamente: desperately

tarde: late

primera y más importante: first and most important

enseñar: teach

llegar a tiempo: arrive on time

mal nuevamente: badly again

deseando: hoping/wishing

demasiado: too much

exclamó un segundo después: he cried a second later

lentamente: slowly

poco a poco: little by little

hacia: towards

deprisa: hurried

pagándole: paying to

solo: only

bastante: a lot

lejos: far

nunca: never

casi: almost

rápido: fast

amigo: buddy

despacio: slow

poco lejos: a bit far

justo a tiempo: just in time

tanto: so much

velozmente: quickly

finalmente: finally

completamente: completely

después: after

únicamente: only

públicamente: publicly

obvio: obviously

pronto: soon

disculpe: I apologize

simplemente: simply

jamás: never/ever

seguro: sure

controló su lengua: held his tongue

fijamente: firmly

maldad: evil

tomaría su decisión: he'd make his decision

nueve ejemplos de adverbios: nine examples of adverbs

asegurando: making sure

una clase distinta: a different class

experimentaba: experienced

peor: worse

sí: yes

triunfante: triumphant

cerca, un adverbio de lugar: near, an adverb of place

nunca, adverbio de tiempo: never, adverb of time

así, adverbio de modo: thus, adverb of manner

poco, adverbio de cantidad: little, adverb of quantity

cierto, adverbio de afirmación: true, adverb of certainty

no, adverbio de negación: no, adverb of denial

primeramente, adverbio de orden: firstly, adverb of order

quizá, adverbio de duda: perhaps, adverb of doubt

cruelmente: cruelly

malicia: malice

cuándo, adverbio interrogativo: when, interrogative adverb

rencorosamente: hatefully

rabia: rage

respeto: respect

mucho menos: much less

cómo hiciste: how did you manage to

muy pocos estudiantes: very few students

tanto: so much

malévola: malicious

aprobar: pass

solos: alone (plural)

sospechoso: suspicious

más temprano que tarde: sooner than later

quizás: maybe

expresión extraña: strange look

respeto mezclado con rabia: respect mixed with rage

por eso mismo: because of that exact reason

repentinamente: suddenly

pacientemente: patiently

más nunca: never again

Questions about the story

1) ¿Qué número de clase era la de idiomas en el horario de Fernando?

a) Primera

b) Segunda

c) Última

d) No especifica

2) ¿A cuántos minutos quedaba la universidad desde donde Fernando tomó el bus?

a) Cinco

b) Dos

c) Diez

d) Veinte

3) ¿Cuántos minutos tarde llegó Fernando?

a) Uno

b) Treinta

c) Dos

d) Diez

4) ¿Qué tipo de adverbio es quizá?

a) Negación

b) Tiempo

c) Interrogativo

d) Duda

5) ¿Qué hizo el profesor al saber la verdad sobre su tardanza?

a) Reírse

b) Disculparse

c) Encogerse de hombros

d) Irse

Answers

1) A
2) C
3) A
4) D
5) B

CHAPTER NINE

Directions

**¡Apúrate, el avión ya despega! – Hurry up,
the plane is taking off soon!**

El día había sido **estupendo**. Tras muchos años de **anticipación**, Paul y Elisa por fin habían **vivido su sueño** de viajar al estado de California, en los Estados Unidos de América. Viajaron desde **Inglaterra** en avión hasta el Aeropuerto Internacional de San Francisco, rápidamente habían **partido** en un recorrido de la costa oeste del país, **haciendo escalas** en las enormes y bellas ciudades que estaban en el camino.

Pero, lamentablemente, el teléfono móvil de Paul, el cual usaban para **guiarse** con el GPS y poder **orientarse** mejor, se había quemado por alguna razón y ya **no encendía más**. A ambos **les urgía llegar al aeropuerto** para **tomar su vuelo** de vuelta a las islas británicas, pero ninguno **recordaba el camino**. Peor aún, **no tenían dinero** para un taxi, así que iban a tener que encontrar la **estación de autobuses** que los podrían llevar a su destino.

"Esto no me gusta", dijo Paul. No era alguien a quien le gustara **pedir direcciones** y la situación lo estaba preocupando. "¿Qué le sucede a mi teléfono? Esto es lo peor, y nuestro vuelo **despega** en tres horas".

"Recuerdo que era **cerca** de esta **zona** de la **ciudad**, pero no recuerdo si era al **este** u **oeste** de ese **enorme rascacielos**", respondió Elisa.

"Creo que al este. En una **esquina**, **al lado de** un **centro comercial** que tenía una gran plaza y **un jardín**. Es una **entrada** azul, creo".

"Veamos, ¿quieres comenzar a **caminar hacia allá**? ¿**Tomamos** la **avenida** hacia la **izquierda** o hacia la **derecha**?".

"Derecha. Pienso que podemos **llegar más rápido** y tomar unos **atajos**".

Comenzaron a caminar, un poco **apurados** y tratando de **visualizar** la estación de buses para poder **irse de vuelta a su país**. Aun cuando habían disfrutado de unas **ricas y placenteras vacaciones**, el miedo a **perder su vuelo** los **desconcertaba** mucho.

"Estas avenidas son **confusas**, ¿crees que deberíamos pedir direcciones? No creo que podamos solos, Paul".

Paul levantó una ceja —no pensaba rendirse aún—.

"Sí podemos", respondió. "No quiero pasar la vergüenza de pedir direcciones aún".

Apenas llegaron a una esquina, Elisa levantó una mano y exclamó:

"**¡Este sitio lo conozco!** ¡Creo que **estamos cerca!**".

"**¿Qué dirección tomamos?**".

"No estoy segura", dijo Elisa, "pero sé que a **cinco o seis manzanas** se encuentra la estación".

"Estaba **frente a un banco**, ¿cierto?".

"Sí", respondió Elisa. "Y **detrás de una feria de comida**. No recuerdo qué había **al lado**, eso sí".

"Al menos **tenemos idea** de dónde queda. Ya queda menos tiempo, así que hay que apresurarse".

Miraban hacia la derecha y hacia la izquierda, siguiendo hacia adelante siempre, pero asegurándose de que iban por buen camino. Por las **aceras caminaban multitudes** y los autos **ocupaban las calles**. **Pasaban** tienda tras tienda, **mirando brevemente** cada una para ver si había algo que les interesara.

"Aquí hay un atajo, ¡**sígueme** por estas escaleras!", gritó Paul mientras **subía** a un **segundo piso**. Elisa lo miró con sospecha y decidió **seguirlo**; de todos modos, no le quedaba de otra. Tenían una idea de la **ubicación general** de su destino, pero igual podrían **considerarse perdidos** o, al menos, **desorientados**.

"¿Seguro?", preguntó ella, pero igual **siguió** a su compañero.

"Sí, más allá de este edificio veo uno familiar que estaba cerca de la estación".

Ambos **corrieron**, **atravesando el pasaje** y **saliendo al otro lado de la calle** a la entrada de un hotel. Parecían estar cerca del terminal y Paul sonrió.

"Te dije que era por acá. Ahora, ¡solo falta apurarnos **para tomar el autobús**!".

Era cierto, solo **faltaban dos cuadras más** cuando lo vieron: el terminal de buses que tanto habían buscado. El sentimiento de alivio que los invadió fue incomparable, y supieron que sí iban a **llegar a tiempo** a su vuelo de regreso.

Pero había un problema —había **mucha gente esperando** para comprar boletos—. El tiempo se les agotaba; es más, ya era obvio que no llegarían a tiempo y **perderían su vuelo**.

"Es hora de **pedir ayuda**, Paul", dijo Elisa con algo de desesperación en su voz.

El joven suspiró y se tomó un momento para pensar. **Tras mirar a los lados**, asintió.

"Sí, me rindo. **Pidamos ayuda**".

"¡Señor!", gritó enseguida Elisa, **aliviada** de poder **buscar la colaboración de alguien**. Un **empleado** del terminal se acercó.

"Sí, dígame".

"Señor, nos urge **comprar boletos** con destino al aeropuerto, mire, tenemos un vuelo en una hora y media y no queda tiempo para esperar acá. Por favor, ¡debe ayudarnos!".

El empleado **frunció el ceño** y los **miró a ambos**.

"Bueno, aquí no solemos **darle prioridad** a nadie... pero si pueden **mostrarme sus billetes de avión** consideraré hablar con el **gerente**".

"Sí, enseguida", dijo Paul, sacando ambos boletos.

El hombre miró por un largo instante, y luego sonrió.

"¡Vengan por acá!". **Caminaron rápido** por un pasillo, **pasando entre las personas** y **caminando alrededor de la multitud** hasta llegar a la taquilla. Ahí explicó el caso de Paul y Elisa, y les permitieron comprar sus boletos con prioridad. "¿Listo?", preguntó el empleado cuando los vio con sus pasajes en mano.

"¡Sí, gracias, en serio! Eres una bella persona", le dijo Elisa con emoción, y Paul **estrechó su mano en agradecimiento**.

Corriendo a través de un **puente** que pasaba **sobre** los autobuses y llevaba hasta el que iban a abordar, los dos viajeros por fin lograron **entrar** en el bus y **arrancar** hacia el aeropuerto. El viaje fue un final especial a sus vacaciones en la costa oeste de EE. UU.: pasaron **directo a través de la ciudad, navegando las cuadras** hasta entrar en la autopista; allí **aceleraron** y comenzaron a ver la enormidad de San Francisco mientras más se **alejaban**. Tan solo veinte minutos después, vieron el aeropuerto haciéndose más grande en la distancia y lograron llegar a su destino.

Paul tomó las maletas y le dijo a Elisa que se **adelantara** —el tiempo se agotaba—.

"Pasajeros del vuelo 544 con destino a Londres, Inglaterra, por favor **confirmar sus boletos** *en la* **taquilla** *34; repito, pasajeros del vuelo 544 con destino a Londres, Inglaterra, por favor confirmar sus boletos en la taquilla 34".*

Al escuchar el **anuncio**, Paul miró una vez más a Elisa y sonrió.

"Una última carrera...".

Y con esto, ambos salieron corriendo y llegó el momento de **volver a casa**, con todas estas nuevas lecciones.

Resumen de la historia

Dos amigos británicos por fin cumplen su sueño de ir a los Estados Unidos de América, específicamente a la costa oeste del país norteamericano. El viaje llega a su fin y ya es hora de volver al aeropuerto para regresar a casa, pero han tenido problemas con las direcciones. Recuerdan que, para volver, necesitan tomar un autobús en un terminal de la ciudad de San Francisco que los llevará al aeropuerto. Es un problema, ya que Paul no quiere pedir direcciones y ambos están un poco perdidos, pero finalmente llegan. Allí, requieren de la ayuda de un empleado del terminal para tener prioridad y comprar los boletos antes de que sea tarde, pero logran llegar al aeropuerto a tiempo para confirmar sus boletos.

Summary of the story

Two British friends finally fulfill their dream of going to the United States of America, specifically to the west coast of the North American country. Their vacations reach its end, and now it's time to go back to the airport and return home, but they've had trouble with directions. They recall that to go back, they need to take a bus at a terminal within the city of San Francisco that will take them straight to the airport. It's a problem since Paul doesn't want to ask for directions and they're both lost, but they finally arrive. There, they manage to get help from a worker at the terminal so that they can buy tickets with priority before it's too late, but they arrive at the airport in time to confirm their plane tickets.

Vocabulary

estupendo: great

anticipación: anticipation

vivido su sueño: fulfilled their dream

Inglaterra: England

partido: departed on

haciendo escalas: stopping

guiarse: guide themselves

orientarse: orient themselves

no encendía más: didn't turn on anymore

les urgía: it was urgent to them

llegar al aeropuerto: arrive at the airport

tomar su vuelo: take their flight

recordaba el camino: remembered the way

no tenían dinero: didn't have money

estación de autobuses: bus station

pedir direcciones: ask for directions

despega: takes off

cerca: near

zona: area

ciudad: city

Este: East

Oeste: West

enorme rascacielos: huge skyscraper

esquina: corner

al lado de: next to

centro comercial: mall

un jardín: a garden

entrada: entrance

caminar hacia allá: walk towards there

tomamos: we take

avenida: avenue

izquierda: left

derecha: right

llegar más rápido: arrive quicker

atajos: shortcuts

apurados: hurried

visualizar: visualize

irse de vuelta a su país: return to their country

ricas y placenteras vacaciones: nice and pleasant vacations

perder su vuelo: miss their flight

desconcertaba: unsettled

confusas: confusing

este sitio lo conozco: I know this place

estamos cerca: we're close

qué dirección tomamos: what direction do we take

cinco o seis manzanas: five or six blocks

frente a un banco: in front of a bank

detrás de una feria de comida: behind a food fair

al lado: next to it

tenemos idea: we have an idea

miraban hacia la derecha y hacia la izquierda: they looked right and left

siguiendo hacia adelante siempre: always going forward

aceras: sidewalks

caminaban multitudes: crowds walked

ocupaban las calles: occupied the streets

pasaban: passed

mirando brevemente: gazed briefly

sígueme: follow me

subía: ascended/climbed

segundo piso: second floor

seguirlo: follow him

ubicación general: general location

considerarse perdidos: consider themselves lost

desorientados: disoriented

siguió: followed

corrieron: ran (plural)

atravesando el pasaje: going through the passage

saliendo al otro lado de la calle: emerging on the other side of the street

tomar el autobús: take the bus

faltaban dos cuadras más: two blocks remained

llegar a tiempo: make it on time

mucha gente esperando: many people waiting

perderían su vuelo: they'd miss their flight

pedir ayuda: ask for help

tras mirar a los lados: after looking from one side to the other

pidamos ayuda: let's ask for help

aliviada: relieved (feminine)

buscar la colaboración de alguien: looking for somebody's help

empleado: employee

comprar boletos: buy tickets

frunció el ceño: frowned

miró a ambos: looked at them both

darle prioridad: give priorities

mostrarme sus billetes de avión: show me your plane tickets

gerente: manager

caminaron rápido: walked quickly (plural)

pasando entre las personas: walking among the people

caminando alrededor de la multitud: walking around the multitude

estrechó su mano en agradecimiento: grasped his hand in thanks

puente: bridge

sobre: over

entrar: get in

arrancar: set off

directo a través de la ciudad: directly through the city

navegando las cuadras: navigating the blocks

aceleraron: accelerated (plural)

alejaban: got further away (plural)

adelantara: go ahead

confirmar sus boletos: confirm their tickets

taquilla: desk

anuncio: announcement

una última carrera: one last race

volver a casa: return home

Questions about the story

1) ¿Por qué Paul y Elisa no consultaron el GPS?

   a) No quisieron
   b) No tenían
   c) Se dañó el celular de Paul
   d) Se le agotó la batería

2) ¿Por qué no tomaron un taxi?

   a) No tenían dinero
   b) No encontraron un taxi
   c) Estaban ocupados
   d) Los taxis no iban a su destino

3) ¿Cuál de las siguientes cosas NO es cierta sobre la ubicación de la estación?

   a) Está ubicada en una esquina
   b) Tiene una entrada azul
   c) Tiene cerca un jardín
   d) Está a una cuadra de un centro comercial

4) ¿Hacia dónde llevaba el atajo de Paul?

   a) A un sótano
   b) A un centro comercial
   c) Al segundo piso de un edificio
   d) A través de un túnel

5) ¿Qué hizo el empleado de la estación por Paul y Elisa al ver los billetes de avión?

   a) Irse
   b) Hacer un anuncio
   c) Comprarle los boletos
   d) Llamar al gerente

Answers

1) C
2) A
3) D
4) C
5) D

CHAPTER TEN

Formal and Informal Conversations

Mi suegra me odia – My mother-in-law hates me

Hoy no era un **viernes** cualquiera, no era **un día más** de la semana, del mes ni del año. Era un gran día para mí: iba a **pedirle matrimonio a mi novia**, con quien había pasado cinco hermosos años **de mi vida** y quien me había **acompañado** en tantos momentos.

Sonaba fácil, pero no lo era —el problema era que también iba a tener que pedir la mano a mis suegros, los padres de mi novia, quienes seguramente **me la iban a poner difícil**—. Ellos nunca me habían querido como **yerno**, y la presión de hacer las cosas perfectamente estaba **comenzando a pesarme**. Sentía que estaba **al borde del colapso**, pero, peor aún, sentía que podían **estar en contra** de mis planes.

La situación me estaba matando.

Había traído a mi novia y a sus padres a un resort turístico **muy de lujo** para que estuvieran contentos y relajados, pero, aun así, mis suegros no iban a sentirse muy felices con la **noticia venidera**. El hecho de que yo era **escritor** e **ilustrador no los enorgullecía**; querían que su hija se casara con un doctor o un **ingeniero**, y que **el padre de sus futuros nietos** fuera un **hombre adinerado**, no un **simple graduado en literatura** con un auto de diez años.

Tenía que hablar primero con mis suegros, quienes eran los que iban a ponérmela más difícil, y necesitaría **tenerlos a solas** para lograr esto. Mi novia tenía que alejarse, pero yo ya tenía un plan.

99

Justo en ese momento, ella **apareció** frente a mí.

"**Hola**, Sara, mi princesa", le dije con **mucho cariño**, "**¿cómo estás?**"

Sara se sonrió y **me dio un beso**.

"**Bien, mi amor, ¿y tú? ¿Qué tal tu mañana?**"

"**Placentera** y tranquila. ¿Qué te ha parecido el hotel? ¿Te gusta?".

"Es una **fantasía hecha realidad**, Gonzalo. De verdad te quedó excelente este plan. Aunque aún no entiendo por qué se te ocurrió hacer esto... **pareciera haber algo más ocurriendo acá...**"

La miré con inocencia.

"¿Algo más? ¿Cómo qué, Sara? No crees que hice algo malo, ¿o sí?".

"No, no, nada de eso. Sino que pareciera que quieres unirnos más a todos por alguna razón. Me gusta mucho saberlo, por si te preocupa. Todo esto que estás haciendo **me encanta**".

La besé y tomé su mano, **halándola suavemente** mientras comenzaba a caminar.

"Y si supieras que te va a encantar más lo que viene ahora".

Sara me **miró con sospecha**.

"¿Y eso? ¿De qué me estarás hablando?".

"Pues **te pagué** un par de horas en el spa, donde te van a recibir y **hacer la manicura y pedicura**, además de **aplicarte una rica máscara facial** para tu piel".

Los ojos de Sara **crecieron hasta parecer dos huevos fritos**.

"¡¿Qué?! ¡¿Es en serio?! ¡Eres el mejor novio del mundo, te amo!".

Me abrazó y **apretó tan fuerte** que pensé que **me iba a partir en dos**, y me reí con nervios.

"Sí, mi amor. **Anda**".

Con un último beso, la miré correr felizmente hacia el spa, con una **toalla** bajo su brazo. Unas **especialistas en belleza** la esperaban, quienes la iban a mantener bien distraída mientras yo hablaba con sus padres. No era fácil para mí lo que venía a continuación, pero al menos ya estaría a solas con ellos.

El resort era grande, pero yo sabía, más o menos, dónde estaban los padres de Sara: el **bar de la piscina** se había vuelto su nuevo lugar favorito, y su papá estaba muy agradecido con mi invitación. En cambio, su mamá aún parecía **un bloque de hielo**.

Al verlos, saludé desde lejos y me acerqué. El papá de mi novia estaba nadando, mientras que su esposa miraba su computadora portátil.

"**Buenas tardes, señora Silvia, ¿qué tal?**".

Me miró de reojo.

"**Buenas tardes, Gonzalo**. Bien". Ni siquiera me preguntó cómo estaba yo. "¿Qué te trae por acá?".

"Pues… me gustaría hablarles de algo importante, un tema que me parece que sería mejor hablar estando el señor Alberto cerca, **preferiblemente**".

"¿Ah sí? ¿Y eso por qué?", contestó la mujer. "¿Qué tan importante puede ser para que **saque a mi esposo de la piscina**?".

Suspiré suavemente y mantuve la calma.

"Es sobre su hija y yo, nuestra relación en general y los planes que tengo para el futuro".

Silvia **me miró detenidamente**. Miró a su esposo y lo llamó.

"Alberto, por favor". Se veía que **era ella quien llevaba los pantalones en la relación**.

"Ajá", dijo Alberto, sentándose con **aburrimiento**.

"Bueno, señores. Ha sido un placer estar aquí junto a usted, señor Alberto, y usted, señora Silvia", comencé, "pero me parece importante **conversar sobre un tema** que ha estado en mi mente por mucho tiempo".

"¿Cuál será?", preguntó el señor.

"Para **hacer las cosas breves** y no quitarles tiempo: me quiero casar con su hija. Quiero ser **el hombre de su vida** y darle todo lo que pueda. La amo mucho, es la persona que me hace más feliz".

Silencio. Todo pareció detenerse mientras ambos me miraban. Decidí continuar hablando, **antes de que se volviera incómodo**.

"Ella y yo tenemos cinco años juntos, y yo sé que ella quiere esto. **Es el momento natural**. Señora Silvia, Señor Alberto, **vengo a pedirles la mano de su hija**. ¿Aceptan esta humilde oferta? Sé que no soy el favorito de ninguno de los dos, pero la haré la mujer más feliz del mundo".

Continuó el silencio, pero finalmente el señor Alberto asintió.

"Por mi parte **tienes todo el permiso, hijo**. Estas vacaciones han sido las mejores de mi vida. Ahora te dejo con mi esposa, ella es la que tiene la última decisión". Antes de que pudiera hablar Silvia, Alberto se fue y se lanzó en la piscina.

Uno menos, pensé.

"¿Y usted, señora Silvia?".

La señora volteó y de repente se vio una sonrisa en su cara.

¡¿Qué?! Sara venía acercándose. No era el momento indicado; seguramente Silvia iba a **humillarme** delante de ella.

"¿Mamá? ¿Gonzalo? ¿Qué sucede aquí? Tienen **cara de espanto**".

Silvia aclaró su garganta.

"Solo quiero decirte, Gonzalo", comenzó, "que *sí* **le daré permiso** para casarse con mi hija".

No podía creerlo: había dicho que sí. Sara me miró y yo la miré.

"¿Es en serio?".

"Sí", respondí, aprovechando la oportunidad y arrodillándome ante ella, "**¿te casarías conmigo?**".

"¡Sí!", gritó, "¡mil veces sí!".

Y así, sin planearlo ni pensar que sucedería, logré **convencer a mi suegra de dejar de odiarme**.

Resumen de la historia

Un hombre llamado Gonzalo desea casarse con su novia desde hacía cinco años, Sara, a quien ha llevado, junto a sus padres, a un resort turístico para ayudar a convencerlos de que lo acepten como yerno. Él sabe que no lo quieren como el futuro papá de sus nietos, especialmente su suegra, y está buscando dos momentos perfectos: uno para decirle a sus temidos suegros y otro para decirle a Sara. El momento se presenta cuando Sara se ausenta, y Gonzalo se sienta a decirles a los suegros. A pesar de que el padre acepta, la madre se queda en silencio y en ese momento aparece Sara. Es solo allí cuando la madre dice que sí, y Sara también acepta casarse con Gonzalo, haciendo que este finalmente cumpla su misión.

Summary of the story

A man named Gonzalo wishes to marry his girlfriend of five years, Sara, who he has taken to a tourist resort alongside his parents-in-law to help convince them to accept him as their son-in-law. He knows they don't see him as the perfect father for their future grandchildren, especially his mother-in-law, and he's looking for two perfect moments: one to tell his dreaded in-laws about the marriage, and the other to tell Sara. The moment presents itself when Sara leaves briefly, and Gonzalo sits his in-laws down to tell them his plans. Despite the father accepting, the mother remains silent and in that very moment, Sara appears. Only then does the mother say yes, and Sara also accepts to marry Gonzalo, allowing him to finally accomplish his mission.

Vocabulary

viernes: Friday

un día más: just another day

pedirle matrimonio a mi novia: propose to my girlfriend

de mi vida: of my life

acompañado: been with

sonaba fácil, pero no lo era: it sounded easy, but it wasn't

me la iban a poner difícil: they were going to make it hard

yerno: son-in-law

comenzando a pesarme: starting to weigh on me

al borde del colapso: on the brink of collapse

estar en contra: to be against

la situación me estaba matando: the situation was killing me

muy de lujo: very luxurious

noticia venidera: upcoming news

escritor: writer

ilustrador: illustrator

no los enorgullecía: didn't make them proud

ingeniero: engineer

el padre de sus futuros nietos: the father of their future grandchildren

hombre adinerado: wealthy man

simple graduado en Literatura: simple graduate in Literature

tenerlos a solas: to have them alone

apareció: appeared

hola: hello

mucho cariño: a lot of affection

¿cómo estás?: how are you? (informal)

me dio un beso: she gave me a kiss

bien, mi amor, ¿y tú?: fine, my love, and you?

¿qué tal tu mañana?: how was your morning?

placentera: pleasant

fantasía hecha realidad: fantasy come true

pareciera haber algo más ocurriendo acá: it seems like something more is happening here

me encanta: I love it

halándola suavemente: pulling her softly

miró con sospecha: looked suspiciously at

te pagué: I paid for you

hacer la manicura y pedicura: give you a mani and pedi

aplicarte una rica máscara facial: apply a delicious face mask

crecieron hasta parecer dos huevos fritos: grew until they looked like two fried eggs

apretó tan fuerte: squeezed so hard

me iba a partir en dos: was going to cut me in two

anda: go

toalla: towel

especialistas en belleza: beauty specialists

bar de la piscina: pool bar

un bloque de hielo: a block of ice

buenas tardes, señora Silvia: good afternoon, Mrs. Silvia

¿qué tal?: how are you? (formal)

me miró de reojo: looked askance at me

buenas tardes, Gonzalo: good afternoon, Gonzalo

bien: fine

preferiblemente: preferably

saque a mi esposo de la piscina: take my husband out of the pool

suspiré suavemente y mantuve la calma: I sighed softly and kept my cool

me miró detenidamente: she looked at me thoroughly

era ella quien llevaba los pantalones en la relación: she was the one who wore the pants in the relationship

aburrimiento: boredom

conversar sobre un tema: to talk about a subject

hacer las cosas breves: make things brief

el hombre de su vida: the man of her life

antes de que se volviera incómodo: before it got uncomfortable

es el momento natural: it's the most natural time

vengo a pedirles la mano de su hija: I've come to ask for your daughter's hand in marriage

tienes todo el permiso, hijo: you have all my permission, son

uno menos: one less to deal with

humillarme: humiliate me

cara de espanto: fearful look

sí le daré permiso: I shall give you my permission (Formal)

¿te casarías conmigo?: will you marry me?

convencer a mi suegra de dejar de odiarme: convince my mother-in-law to stop hating me

Questions about the story

1) **¿Qué día de la semana era en la historia?**

   a) Lunes

   b) Sábado

   c) No especifica

   d) Viernes

2) **¿Qué profesión tenía Gonzalo?**

   a) Escritor e ilustrador

   b) Artista y cantante

   c) Ingeniero y doctor

   d) Profesor

3) **¿Cómo hizo Gonzalo para distraer a Sara?**

   a) La envió a la piscina

   b) Le pagó unas horas de spa

   c) Llamó a sus amigas

   d) Se escondió

4) **¿Cuál era el lugar favorito de los suegros de Gonzalo?**

   a) El gimnasio

   b) La piscina

   c) El bar

   d) Su habitación

5) **¿Cómo se llamaban los padres de Sara?**

   a) Cindy y Alfredo

   b) Susan y Antonio

   c) Sara y Armando

   d) Silvia y Alberto

Answers

1) D
2) A
3) B
4) C
5) D

CHAPTER ELEVEN

Times, Dates and Weather

Adentrados en el bosque, parte I – Immersed in the forest, Part I

Todo a su alrededor estaba **quieto**; era como si **el mismo mundo se hubiese detenido** en esa **nublada tarde tan fría y silenciosa** del **mes de febrero**. Los dos jóvenes caminaban **sin hacer mucho ruido**, evitando **alertar** a los animales que se encontraban en el **profundo y oscuro bosque** a su alrededor. Tenían **cinco horas** de haber entrado a la **cobertura de los árboles** y ya casi estaba **anocheciendo**. Podían **detenerse** ya, pero preferían **adelantarse** más, antes de que llegara la **medianoche**.

Su plan era **cazar** un peligroso animal que había estado matando a las **ovejas** de las **granjas cercanas** y **asustando** al **ganado**. Algunos decían que era un oso, otros, que era una pequeña **manada de lobos**; la verdad era que, fuera lo que fuera, tenía que ser detenido antes de que las **pérdidas** fueran **irrecuperables**.

"Son las **seis de la tarde**, hermano", le dijo Jon a Peter, estudiando los alrededores con su rifle en alto. "Puede que sea hora de buscar dónde dormir".

Peter, **el mayor de los dos**, no dijo nada; miró al cielo y vio cómo el sol comenzaba a descender hacia el **horizonte** y **se aproximaba la noche**. **Hacía tres años** que no salía en una cacería. En su momento, había sido para alejar a unos **zorros** que estaban entrando en las tierras de la familia, pero esto era distinto —el animal que estaba acabando con las ovejas era **silencioso y letal**, y algunos cazadores expertos tenían miedo de **enfrentársele**—.

"¿Qué sabemos de esta criatura o criaturas?", preguntó de repente Jon, sin dejar de vigilar el bosque.

"Pues, **el veintiséis de diciembre** atacó la granja de los Scully, **derribando la cerca**, **entrando violentamente** al **corral de ovejas** y matando a **seis de ellas**; **el tres de enero** encontraron extrañas huellas en el lodo, detrás de las tierras de los González. Finalmente, **hace quince días** exactamente, vimos la **extraña sombra alejándose** de nuestra casa".

Era cierto, los hermanos habían escuchado **ruidos** entre las ovejas y habían salido rápidamente a investigar. Solo lograron ver la figura de un gran animal **huyendo** de la escena donde había dejado **tres corderos muertos**. Fue un **momento muy tenebroso** para ambos, el cual les había creado la necesidad de **salir en busca de** lo que sea que estaba ahí afuera.

"Ya se ven los **últimos rayos del sol** en el **ocaso**", dijo Jon, pensativo. Las **estrellas** se podían empezar a **apreciar**, además de la **luna**. Las **pesadas nubes** ofrecían las **posibilidades de lluvia**, y eso no sería conveniente. "Creo que, de verdad, es mejor que busquemos dónde cenar y **dormir**".

Peter finalmente aceptó, **arropándose** un poco más con su suéter.

"Sí, el **frío** de la **brisa** esta **noche** me llega hasta los huesos". Ese **invierno** había sido cruel con todos: los animales temblaban, las personas se mantenían **abrigadas** en casa y las plantas no crecían. De hecho, la tierra se había **congelado** cuando cayeron **las nevadas del mes anterior**, y parecía que no iba a haber cultivos por al menos **otro trimestre**. Esto era una tragedia para las personas, como la familia de Jon y Peter, las cuales dependían completamente de lo que producían para comer.

Y ahora, con una amenaza tan grave a sus animales, debían hacer algo **antes de quedarse sin nada** en absoluto; especialmente, faltando aún tiempo para **la primavera**.

"Anda preparando la **fogata**, yo iré por **leña**", dijo Jon. La **niebla** a veces no dejaba ver nada y las fogatas eran necesarias. Él tenía mucha experiencia en el bosque —había crecido explorando entre los árboles y encontrando diferentes tipos de animales—. Sea lo que fuere esta **nueva amenaza**, iban a acabar con ella para no tener que preocuparse más.

Se alejó un poco del sitio donde estaba Peter y comenzó a caminar, buscando leña por el suelo del bosque, como le había enseñado su padre hacía tanto tiempo. No era nada nuevo para él, pero había un **aire de peligro** en el ambiente que no lo dejaba tranquilizarse; era como si los que estaban siendo cazados eran él y su hermano, como si pudiesen ser ellos las siguientes víctimas de la **bestia misteriosa**.

Fue casi precisamente en ese instante cuando a Jon **se le erizaron los vellos** del cuerpo, con una **clase de sexto sentido** o **mal presentimiento**. *Algo me está mirando fijamente,* pensó. Era ese **instinto de cazador** que le hablaba, esa sensación que tenían las personas que estaban acostumbradas a enfrentarse con animales peligrosos: definitivamente algo lo estaba mirando, y su vida corría peligro. El **viento** soplaba entre los árboles, como había hecho por varios meses, y no era el momento más indicado para entrar en un **combate**.

Llegó a sus oídos el **sonido de una rama siendo partida** por **pesadas patas,** y Jon supo, en ese momento, que algo venía por él.

"¿Peter? ¡Peter!".

El **rugido estalló** repentinamente —un poderoso y **enardecido bramido** que no le dio a Jon ni un segundo para reaccionar—. El **oso** apareció entre las ramas, arrojando todo su peso a través de ellos y deteniéndose a pocos metros de Jon. Era el oso **más grande que había visto jamás**, con garras enormes y **afiladas**.

El joven y el oso se pararon allí por un breve momento, ambos mirándose fijamente mientras sus cerebros trataban de decidir lo que harían ahora. En ese instante, el oso **arrancó a correr** hacia Jon, con sus poderosas patas llevándolo hacia el joven.

"¡Oye, tú!", vino un grito justo después, y Jon escuchó la detonación de un rifle. Era su hermano, Peter, que venía corriendo con su **arma** en mano y una cara de determinación. El oso lloriqueó con dolor y **decidió huir** de **la escena**. Jon notó que **la sensación regresaba** a sus **extremidades** y recordó que tenía su rifle aún a mano, listo para usar.

"Sí puedo", pensó en voz alta, mientras veía al oso asesino comenzar a desaparecerse entre los árboles. Ese animal desaparecería por **semanas** o **quizás meses** si no acababan con él. Luego, pues… luego **volvería**, y sería mucho peor.

"¿Lo tienes **en la mira**?", preguntó Peter con desesperación. Jon se agachó, tal como su padre le enseñó hacía tantas lunas. *Balance,* le decía, *mantén tu balance de pies a cabeza, y vas a disparar **como un experto.***

"Sí", dijo simplemente Jon, y apuntó una última vez al animal. "Adiós".

La **detonación** retumbó por todo el bosque, pero fue cuando escucharon el segundo gran rugido viniendo de otra dirección que se dieron cuenta de que…

… la **cacería** aún no había acabado.

Continuará/ To be continued…

Resumen de la historia

Dos hermanos, Jon y Peter, parte de una familia de granjeros, deciden salir al oscuro bosque a investigar lo que está pasando en su zona local: últimamente algo está matando las ovejas de forma acelerada, y temen que esto pueda afectar sus reservas de comida para el cruel invierno que ya ha atacado sus cultivos. Los dos se encuentran cazando, pero ya el sol está descendiendo, así que uno convence al otro de que busquen un sitio para dormir. En ese momento, el más joven de los dos, Jon, decide ir a buscar leña para una fogata y ahí escucha el sonido de algo acercándose. No le da tiempo ni de levantar su arma cuando aparece un enorme oso, el cual lo ataca instantáneamente. Peter aparece a tiempo para dispararle y el oso huye. Mientras huye, Jon se pone en posición y apunta antes de apretar el gatillo, pero se escucha un segundo rugido: hay otro oso en el área... *Continuará.*

Summary of the story

Two brothers, Jon and Peter, part of a farming family, decide to go out to the dark forest to investigate what is happening in their local area: lately, something has been killing the sheep at a high rate, and they fear that this may affect their food reserves for the cruel winter which has already attacked their crops. The two of them have been hunting all day, but the sun is going down, so one of them convinces the other to find a place to make camp. In that moment, the younger of the two, Jon, decides to go and look for wood for the fire, and that is when he hears something approaching. He doesn't even get the opportunity to lift his weapon when an enormous bear appears, who attacks him instantly. Peter shows up on time to shoot it, and the bear flees. While it flees, Jon gets into position and aims before pulling the trigger, but a second roar is heard: there is another bear in the area... *To be continued*

Vocabulary

quieto: still

el mismo mundo se hubiese detenido: the world itself had stopped

nublada tarde: cloudy afternoon

tan fría y silenciosa: so cold and silent

mes de febrero: month of February

sin hacer mucho ruido: without making a lot of noise

alertar: alert

profundo y oscuro bosque: dark and deep forest

cinco horas: five hours

cobertura de los árboles: cover of trees

anocheciendo: getting dark

detenerse: stop

adelantarse: advance

medianoche: midnight

cazar: hunt

ovejas: sheep

granjas cercanas: nearby farms

asustando: scaring

ganado: cattle

manada de lobos: pack of wolves

pérdidas: losses

irrecuperables: irretrievable

seis de la tarde: six in the afternoon

el mayor de los dos: the eldest of the two

horizonte: horizon

se aproximaba la noche: night was approaching

hacía tres años: three years ago

zorros: foxes

acabando con: killing off

silencioso y letal: silent and lethal

enfrentársele: facing it

el veintiséis de diciembre: on the twenty-sixth of December

derribando la cerca: knocking down the fence

entrando violentamente: entering violently

corral de ovejas: sheep pen

seis de ellas: six of them

el tres de enero: the third of January

hace quince días: fifteen days ago

extraña sombra alejándose: strange shadow moving away

ruidos: noises
huyendo: fleeing
tres corderos muertos: three dead lambs
momento muy tenebroso: very terrifying moment
salir en busca de: go out in search of
últimos rayos del sol: final rays of sunlight
ocaso: dusk
estrellas: stars
apreciar: view/make out
luna: moon
pesadas nubes: heavy clouds
posibilidades de lluvia: possibility of rain
dormir: sleep
arropándose: wrapping a sweater around himself
frío: cold
brisa: breeze/wind
noche: night
invierno: winter
abrigadas: tucked in (plural)
congelado: frozen
las nevadas del mes anterior: the snowfalls of the previous month
otro trimestre: another trimester
antes de quedarse sin nada: before they were left with nothing
la primavera: the spring
fogata: campfire
leña: firewood
niebla: fog
nueva amenaza: new threat
aire de peligro: air of danger
bestia misteriosa: mysterious beast
se le erizaron los vellos: he got goosebumps
clase de sexto sentido: a kind of sixth sense
mal presentimiento: bad feeling
instinto de cazador: hunter's instinct
viento: wind
combate: battle
sonido de una rama siendo partida: sound of a twig breaking
pesadas patas: heavy paws
rugido: roar
estalló: erupted
enardecido bramido: furious growl
oso: bear
el más grande que había visto jamás: the biggest he'd ever seen

afiladas: sharp (plural)

arrancó a correr: made a run for it

arma: weapon

decidió huir: decided to flee

la escena: the scene

la sensación regresaba: the sensation was returning

extremidades: limbs

semanas: weeks

quizás meses: maybe months

volvería: would come back

en la mira: in range

como un experto: like a professional

detonación: explosion

cacería: the hunt

Questions about the story

1) ¿En qué mes se desarrolla la historia?

   a) Enero

   b) Febrero

   c) Octubre

   d) Diciembre

2) ¿Quién era el mayor de los dos hermanos?

   a) Peter

   b) Jon

   c) No especifica

   d) Tienen la misma edad

3) ¿Hace cuánto que no salía Jon de cacería?

   a) Dos meses

   b) Un año

   c) Tres años

   d) Era su primera cacería

4) ¿A cuántas ovejas mató el animal el veintiséis de diciembre?

   a) Una

   b) Seis

   c) Diez

   d) Todas

5) ¿Quién le enseñó a Jon cómo cazar?

   a) Su padre

   b) Su abuelo

   c) Su hermano

   d) Él mismo aprendió

Answers

1) B
2) A
3) C
4) B
5) A

CHAPTER TWELVE

Food and Drinks

Una cena casi real – An almost royal feast

Se acercaba la hora y todo estaba **encaminado** a un momento magnífico. Yo estaba **sumamente emocionada** y mi esposo también; por alguna **casualidad de la vida**, habíamos sido invitados a una gran noche de gala en el **teatro** de la ciudad, en la cual habría **obras teatrales**, **bailes** organizados por la **Dirección de Cultura**, la aparición de muchas **celebridades** de nuestra nación y, finalmente, una cena como ninguna que hayamos visto jamás.

Mi **peluquera** y **estilista** trabajó arduamente en mi cabello mientras me preparaba para este gran evento —yo tenía que estar hermosa, ya que los **canales de noticias** locales y nacionales iban a estar presentes, y podría salir en televisión o en los diarios—.

"¿Crees que verás a algún actor de Hollywood esta noche?", preguntó Carla, mientras secaba mi cabello y se aseguraba de **alisarlo** con bella forma.

"Seguramente", contesté con nervios. "Además, hay rumores de que servirán las más **divinas exquisiteces del mar**".

Mi peluquera cerró los ojos con una expresión de placer.

"**Camarones, calamares, pulpo** y otros **ricos platos de marisquería**; te envidio, Isabel".

Al salir del salón de belleza, llamé a mi esposo para que me viniera a buscar y este llegó en su auto, también con un nuevo corte de cabello.

"Te ves hermosa, mi amor", dijo Mike, mirándome con orgullo.

"Gracias, querido", le respondí, y ambos nos dirigimos a casa para terminar de arreglarnos. Habíamos sido invitados por el jefe de Mike, el cual quería **premiar** a su **mejor empleado** con un **regalo**. Mi esposo me contó la noticia con una alegría que casi superaba la mía.

"Y vamos a poder tomar **champán**, **vino** y **whisky** de la más alta calidad; pudiendo, además, **degustar** los ricos alimentos que seguro habrá en la fiesta", me dijo entonces. Y, bueno, ya había llegado el día.

Llegamos a casa y comencé a buscar qué ponerme. Tenía un vestido por estrenar que me encantaba, así que ya tenía más o menos una idea de lo que llevaría puesto. La cena era lo que más me entusiasmaba: la idea de comer **filetes de carne y pescado**, y esa **charcutería** exquisita que también habría antes de la propia cena.

Había pasado mucho tiempo desde nuestra última cena juntos, ya que el trabajo de Mike y el mío no permitían que **coincidiéramos** para nada, y las cosas se hacían difíciles al momento de salir. Quizás por eso me emocionaba aún más la idea de esta importante salida.

Nunca había sido **aficionada** a **beber mucho alcohol**, pero definitivamente iba a tomar unos **traguitos de vino** esta noche junto a Mike, especialmente si íbamos a divertirnos tanto. Mike no paraba de hablar de las famosas carnes que servían en este tipo de gala: **costillas**, filetes y **lomito, pecho** y otras partes divinas que le encantaban tanto. El chef de la televisión, Peter López, iba a asistir y tenía planeado sorprender a todos los invitados con su **cocina**.

Una vez listos, Mike y yo salimos juntos, ambos con una sonrisa en nuestras caras. Era como cuando empezamos nuestra relación, cuando salíamos regularmente a comer sushi, **hamburguesas** o cualquier nuevo tipo de comida que inauguraban en la zona. Tomó mi mano y esto me hizo sonrojar, de verdad iba a ser una gran noche.

Mientras nos acercábamos a la enorme estructura del teatro, comenzamos a ver la **barrera de seguridad** que había sido instalada a su alrededor; policías y **seguridad privada** vigilaban la entrada y salida de autos, evitando así que **cualquier persona se escabullera**. Vimos cómo entraba el **alcalde de la ciudad**, con un **pequeño convoy de vehículos**; y, detrás de él, lo seguía un reconocido escritor con su chofer. Oíamos a lo lejos la **música clásica** que estaba sonando —había un grupo **tocando en vivo**—.

Cuando pasamos la barrera de seguridad, un joven nos abordó y nos ofreció estacionar el auto.

"No se preocupen, amigos, disfruten su noche", dijo con **un guiño**, y Mike y yo le agradecimos, preparándonos para entrar al teatro.

"¿Lista, mi cielo?", preguntó.

"Sí, mi amor", le respondí, y ambos nos dirigimos hacia adentro del teatro.

Era impresionante. Había muchísimas **caras conocidas**: personas que habíamos visto en el cine, la televisión y escuchado en la radio; personas de las cuales habíamos oído, pero nunca habíamos imaginado ver; y aquellos que comenzaban a ganar fama, como nosotros seguramente lo haríamos. Algunas personas nos miraron con interés, pero decidí ignorarlos para estar cómoda.

En varias mesas había **entremeses** de todo tipo: **conos de jamón y queso con aceitunas rellenas**, grandes **bandejas de carpaccio**, **ensaladas de frutas**, **ostras**, pulpo y muchas otras cosas muy interesantes que jamás habíamos probado. Mike se acercó y tomó varias porciones, discretamente, mientras que yo le quité dos copas de champán a un **camarero** que pasaba cerca.

Comenzaron las obras teatrales, y nos dirigieron hacia nuestros asientos. Nos aseguramos de agarrar un plato con varios entremeses para sentarnos, tomando dos copas más de champán para disfrutar el espectáculo. Fueron unas obras hermosas, una de las cuales me sacó lágrimas de lo triste y emotiva que fue.

Cuando comenzó el baile, nos tomó por sorpresa, y rápidamente fueron removidas las sillas y mesas que se habían instalado. Mike y yo no bailábamos desde hacía más de dos años, pero velozmente **pillamos el ritmo** y disfrutamos con un gusto que **atrajo miradas de envidia de otras mujeres** presentes.

Finalmente, comenzaron a servir la comida. En realidad, para este punto, ya estábamos un poco llenos por lo que habíamos comido antes, pero igual se nos hizo agua la boca al ver lo que había para la cena: **enormes pavos rellenos con vegetales horneados, cerdo rociado con miel y otros jugos**, divinas **pastas con mariscos** y **mil platos más**. Degustamos todo lo que nos pasó por el frente, mientras tomábamos champán y reíamos como dos recién casados.

Cuando finalizó la noche, recuerdo cómo todos en el teatro estaban un poco **pasados de copas**, pero disfrutamos la noche como nunca.

Justo antes de que nos tocara partir, Mike sonrió y me tomó de la mano.

"Venga para acá", me dijo, y en ese momento me dio un abrazo que yo jamás olvidaría.

Fue una **noche de ensueño**, y realmente yo estaba más feliz que nunca. No sería una noche que olvidaría pronto.

Resumen de la historia

Una mujer llamada Isabel y su esposo, Mike, son invitados a un magno evento de la clase alta de su ciudad, donde estarán presentes cocineros reconocidos, celebridades y personajes políticos del país; ella se siente emocionada y asiste a su peluquera y estilista para prepararse. Isabel y Mike no paran de imaginarse los deliciosos platos que serán servidos en el teatro y las bebidas que ofrecerán los anfitriones a los invitados. Después de llegar a casa y terminar de vestirse, ambos parten con felicidad hacia el teatro, viendo en el camino cómo todo está protegido por personal de seguridad y policías. Una vez allí, pasan una excelente noche, mirando las obras teatrales que presentan y comiendo todo tipo de platos, uniéndose más como pareja y viviendo una experiencia fenomenal que nunca olvidarán.

Summary of the story

A woman named Isabel and her husband, Mike, are invited to a great event for the higher social circles of the city, where renowned chefs will be present, as well as celebrities and political figures of the country; Isabel is greatly excited and visits her hairdresser and stylist to prepare. Isabel and Mike can't stop imagining the delicious meals which will be served at the theater and the drinks which the hosts will offer to the guests. After arriving home and getting dressed, they set off with a grin on their faces towards the theater, along the way, they see how well protected everything is by the police and private security. Once there, they spend an excellent night watching the plays that are being presented and eating all sorts of dishes, uniting more as a couple and living a phenomenal experience that they will never forget.

Vocabulary

encaminado: on the right track

sumamente emocionada: greatly excited

casualidad de la vida: luck and great fortune

teatro: theater

obras teatrales: plays

bailes: dances

Dirección de Cultura: Culture Management

celebridades: celebrities

peluquera: hairdresser

estilista: stylist

canales de noticias: news channel

alisarlo: straighten

divinas exquiseces del mar: delicious delicacies from the sea

camarones: shrimp

calamares: calamari

pulpo: octopus

ricos platos de marisquería: tasty seafood dishes

premiar: reward

mejor empleado: best employee

regalo: gift

champán: champagne

vino: wine

whisky: whisky

degustar: taste/sample

filetes de carne y pescado: steak and fish fillets

charcutería: delicatessen

coincidiéramos: coincide

aficionada: fan

beber mucho alcohol: drink a lot of alcohol

traguitos de vino: sips of wine

costillas: ribs

lomito: tenderloin

pecho: flank

cocina: cuisine

hamburguesas: hamburgers

barrera de seguridad: security barrier

seguridad privada: private security

cualquier persona se escabullera: just anybody sneaked their way in

alcalde de la ciudad: Mayor of the city

pequeño convoy de vehículos: small convoy of vehicles

música clásica: classical music

tocando en vivo: playing live

un guiño: a wink

caras conocidas: known faces

entremeses: appetizers

conos de jamón y queso con aceitunas rellenas: cones of ham and cheese with stuffed olives

bandejas de carpaccio: trays of carpaccio

ensaladas de frutas: fruit salads

ostras: oysters

camarero: waiter

pillamos el ritmo: we grasped the rhythm

atrajo miradas de envidia de otras mujeres: attracted envious glances from other women

enormes pavos rellenos con vegetales horneados: enormous stuffed turkeys with baked vegetables

cerdo rociado con miel y otros jugos: pork glazed with honey and other juices

pastas con mariscos: pasta with seafood

mil platos más: a thousand more dishes

pasados de copas: a little tipsy (plural)

noche de ensueño: a dream night

Questions about the story

1) **¿Quién organizó el evento?**

   a) El alcalde de la ciudad

   b) Los famosos

   c) La policía

   d) La Dirección de Cultura

2) **¿Cómo se llamaba la estilista de Isabel?**

   a) No especifica

   b) Carla

   c) María

   d) Petra

3) **¿Cómo recibieron la invitación Mike e Isabel?**

   a) Compraron una entrada

   b) Un regalo del jefe de Mike

   c) Mike fue invitado por un famoso

   d) Se iban a colar

4) **¿Dónde tuvo lugar la fiesta?**

   a) En la plaza de la ciudad

   b) En un centro comercial

   c) En un salón de fiestas

   d) En el teatro de la ciudad

5) **¿Qué ocurrió luego de las obras teatrales?**

   a) El baile

   b) La cena

   c) El final de la fiesta

   d) El principio de la fiesta

Answers

1) D
2) B
3) B
4) D
5) A

CHAPTER THIRTEEN

Professions and Hobbies

La residencia – The housing estates

Camino Dorado, se llamaba. Había sido construido una **década** antes por **emblemáticos ingenieros civiles** y **arquitectos**, los cuales querían crear un **área residencial** que tuviera todo lo que necesita una **familia** de clase **media-alta**. Los **residentes** tenían acceso a canchas de **tenis, fútbol, baloncesto** y un campo grande para **eventos deportivos**. Además, tenía dos piscinas: una **olímpica** y una **para diversión**. También había otras áreas verdes que permitían la **recreación** de los residentes.

Los **vecinos** vivían tranquilamente, con seguridad privada y altos muros, los cuales les daban la **paz mental** de no tener que preocuparse por los **delincuentes** que merodeaban en otras zonas. La **vigilancia** se aseguraba de que solo entraran personas decentes y que conocieran a los **inquilinos** o **propietarios** del lugar.

De vez en cuando se celebraban reuniones entre los residentes de esta urbanización, para aclarar detalles y proponer nuevos proyectos, ya que entre los residentes había **personas muy calificadas** con excelentes ideas.

El **doctor** Tomás Medina, quien era un **ávido lector**, había planteado la idea de ampliar las **zonas verdes** para practicar más deportes, como, por ejemplo, su **afición**: el golf. Este era el tema de la próxima reunión que iba a ocurrir en la plaza central de la residencia.

A todos les gustaba asistir a las asambleas porque eran momentos de unión, además de que llevaban **pasteles**, comida y otras cosas para vender y compartir. Entre las mujeres (y algunos hombres) de la residencia había excelentes **reposteras** y **cocineros**, y estos se destacaban preparando cosas para las reuniones.

Se fue acercando la hora y algunos **obreros** comenzaron a colocar las mesas que iban a usarse para la **reunión trimestral** de *Camino Dorado,* en la cual ellos también participarían. Se respiraban la emoción y anticipación de este **evento venidero**.

El primero en llegar al sitio a inspeccionar fue Pedro Romero, el **jefe del condominio** de *Camino Dorado,* un **administrador de empresas** que corría **maratones** en su tiempo libre. Llegó con gafas de sol, mirando cómo sus hombres y mujeres trabajaban para preparar el sitio. Su esposa apareció poco después, una **abogada de fiscalía** que era muy conocida en la ciudad por tratar casos de alto nivel.

"¿Cómo va esto?", le preguntó a su esposo.

"Excelente, ya vamos a comenzar", respondió Pedro.

Edgar, un **ingeniero de procesos jubilado** y **dueño** de dos casas en el sector, llegó un momento después con su hijo. El joven Roberto era **futbolista**, y estaba haciendo pruebas para irse a jugar en España con un equipo en la capital.

"¿Qué tal, amigos?", les preguntó Edgar al administrador y a su esposa, la abogada fiscal. Era otro que siempre sugería grandes ideas cuando de mejor calidad de vida se trataba.

Unos **jóvenes** aparecieron; **estudiantes de literatura** de la universidad local. Querían participar en el debate, ya que tenían ideas y sugerencias que aportar. Además, todos eran **usuarios** de la piscina y querían hablar sobre decorarla de alguna forma.

Poco a poco fueron acercándose todos mientras se hacía de noche: desde los **niños traviesos** hasta los **cantantes** y **bailarines**, algunos

jugadores de baloncesto que estaban en la cancha y otras **amas de casa** que estaban **atendiendo** a sus familias. Todos se iban **aproximando** para ver qué iba a ocurrir.

En ese momento, unos **poderosos focos** iluminaron el centro de la plaza: la **plataforma** había sido preparada para que hablara una persona a la vez y todos los **asistentes** lo miraran desde bancos y **mesas redondas** hechas para el debate. Los **organizadores** fueron llamando y dirigiendo a las personas hacia sus asientos, y el jefe del condominio de *Camino Dorado* se frotaba las manos con anticipación para empezar su discurso sobre los cambios y proyectos venideros.

Cuando por fin la plaza estuvo completamente llena, el jefe del condominio subió las escaleras hasta la plataforma y probó el micrófono. Había **técnicos de sonido** cerca por si algo salía mal, pero nada de esto ocurrió. Su **esposa** lo miraba ansiosamente.

"Bienvenidos a la reunión trimestral de Camino Dorado, me alegro de verlos". La **audiencia** lo miraba con expectativa; todos esos vecinos que formaban parte de la comunidad. "A continuación, voy a comentarles sobre los futuros proyectos para nuestra zona residencial".

Todos escuchaban: los **jardineros** serían equipados con nuevas herramientas, las **señoras de mantenimiento** recibirían uniformes, se mejoraría la seguridad para los niños y jóvenes con nuevos **vigilantes** del conjunto, y los **accionistas** de la residencia harían más inversiones en los servicios.

Finalmente terminó su discurso y hubo aplausos de parte del público, y Pedro se sintió aliviado por haber hecho un buen papel. Miró las caras esperanzadas de las personas de la residencia y se preparó para hacer pasar a algunas personas a la plataforma.

Así se desarrolló la noche de la reunión, haciendo pasar primero a los estudiantes con sus propuestas; luego, a los **empleados de**

seguridad que tenían algunas dudas, junto a los obreros, jardineros y **plomeros** de la residencia; finalmente, los **deportistas** agregaron sus propias opiniones al asunto, y los **jugadores de ajedrez** y **tenistas** hablaron de unos torneos que se llevarían a cabo. El doctor Tomás Medina agregó unas ideas más al final, involucrando a sus compañeros **pediatras**, **traumatólogos**, **veterinarios** y **enfermeras**.

La celebración comenzó con **animadores**; poco después, **músicos** y bailarines que hicieron despertar el conjunto con emoción, y que trajeron consigo muchas sonrisas de niños y jóvenes alegres.

Mientras que los **profesionales**, estudiantes, **padres y madres de familia**, y otros felicitaban a Pedro, su esposa se acercó y le dio un abrazo.

"Estás haciendo una muy buena **gestión**, mi amor", dijo con orgullo. Sentía el respeto que le tenían los residentes a su esposo, y esto la hacía feliz. "¡Esta residencia ha **surgido** tanto desde que tú llegaste a ser el jefe del condominio!".

Y así fue: llegaron las **empresas de construcción**, los **proyectistas** y otras personas encargadas de las obras venideras en la residencia, y pronto comenzaron los trabajos en *Camino Dorado*. Era totalmente cierto, la residencia se estaba desarrollando y todas las **profesiones** iban a participar para que se lograra convertir este conjunto en el mejor.

Y todos estaban felices, porque así debía ser.

Resumen de la historia

Camino Dorado es una residencia de clase media-alta que realiza reuniones trimestrales en las que todos, o casi todos, los residentes participan, aportando ideas para las mejoras del conjunto o proyectos innovadores para el mismo. El jefe de la junta de condominio, Pedro Romero, es el encargado de llevar estas a cabo, y está preparando su discurso para la más reciente reunión. La gente comienza a acercarse, y muchos hablarán también, además de Pedro, proponiendo nuevas ideas. La reunión se desarrolla con éxito y muchos están contentos con los avances logrados: felicitan a Pedro al terminar este evento y pronto comienza la fiesta. Pero, con el pasar del tiempo, se ve que no solo eran promesas vacías; realmente se cumple lo que dijo que se haría y *Camino Dorado* se convierte en un mejor lugar para vivir.

Summary of the story

Camino Dorado is a middle-upper-class residential compound which takes part in quarterly meetings that involve all or almost all of the residents, allowing them to participate in providing their ideas for the improvement of the residential area or innovative projects of their own. The chief of the homeowner association, Pedro Romero, is the man in charge of making these projects a reality, and he's preparing a speech for the most recent meeting which will take place that day. The residents begin to approach the area prepared for the meeting, and many will speak after Pedro, adding ideas of their own. The meeting happens with success, and many are happy with the strides that have been made: Pedro is congratulated once the event is over, and the party begins. Furthermore, time proves that the promises weren't empty: everything he said is made a reality, and *Camino Dorado* becomes a much better place to live in.

Vocabulary

Camino Dorado: Golden Way
década: decade
emblemáticos: emblematic (plural)
ingenieros civiles: Civil engineers
arquitectos: architects
área residencial: residential area
familia: family
clase media-alta: upper-middle class
residentes: residents
tenis: tennis
fútbol: football/soccer
baloncesto: basketball
eventos deportivos: sporting events
olímpica: olympic
para diversión: for fun
recreación: recreation
vecinos: neighbors
paz mental: peace of mind
delincuentes: criminals
vigilancia: surveillance/watch
inquilinos: tenant/renter
propietarios: landowner
personas muy calificadas: very qualified people

doctor: doctor
ávido lector: avid reader
zonas verdes: green areas
afición: hobby
pasteles: cakes
reposteras: pastry chefs (feminine)
cocineros: cooks
obreros: workers
reunión trimestral: quarterly meeting
evento venidero: upcoming event
jefe del condominio: chief of the homeowner association
administrador de empresas: Business administrator
maratones: marathons
abogada de fiscalía: Prosecutor attorney
ingeniero de procesos: Process engineer
jubilado: retired
dueño: owner
futbolista: football/soccer player
jóvenes: youngsters
estudiantes de Literatura: Literature students

usuarios: users
niños traviesos: naughty children
cantantes: singers
bailarines: dancers
jugadores de baloncesto: basketball players
amas de casa: housewives
atendiendo: tending to
aproximando: approaching
poderosos focos: powerful spotlights
plataforma: stage
asistentes: attendees
mesas redondas: round tables
organizadores: organizers
técnicos de sonido: sound technicians
esposa: wife
audiencia: audience
jardineros: gardeners
señoras de mantenimiento: maintenance ladies
vigilantes: watchmen/guards
accionistas: shareholders

empleados de seguridad: security employees
plomeros: plumbers
deportistas: sportsmen
jugadores de ajedrez: chess players
tenistas: tennis players
pediatras: pediatricians
traumatólogos: traumatologists
veterinarios: veterinarians
enfermeras: nurses
animadores: entertainers
músicos: musicians
profesionales: career men/women
padres y madres de familia: fathers and mothers
gestión: management
surgido: improved
empresas de construcción: construction companies
proyectistas: planners
profesiones: professions

Questions about the story

1) ¿Hace cuánto tiempo fue construido *Camino Dorado*?

a) Hace dos años

b) Hace cinco años

c) Hace diez años

d) No especifica

2) ¿Cuántas piscinas tenía la residencia?

a) Una

b) Dos

c) Tres

d) Cero

3) ¿Quién era Tomás Medina?

a) Un doctor

b) El jefe de condominio

c) Un abogado fiscal

d) Un futbolista

4) ¿Quién era Edgar?

a) Un doctor

b) Un ingeniero civil

c) Un deportista

d) Un ingeniero de procesos

5) ¿Quiénes iban a propiciar un torneo en la residencia?

a) Los jugadores de baloncesto

b) Los doctores

c) Los estudiantes de Literatura

d) Los jugadores de tenis y ajedrez

Answers

1) C
2) B
3) A
4) D
5) D

CHAPTER FOURTEEN

Place Adverbs and Prepositions

Cómo ser camarero – How to be a waiter

Era mi **primer día de trabajo** en esta **nueva ciudad**, y tenía tantos nervios que **olvidé las llaves sobre** la mesa **antes** de llegar a la puerta. El restaurante **donde** iba a trabajar **quedaba** relativamente cerca, pero **me había preparado** y vestido unas dos horas antes para no arriesgarme a llegar tarde. Eso sería lo peor que podría pasarme, especialmente porque **necesitaba el trabajo** y aún no estaba **oficialmente contratado allí**.

"¡Rayos! ¿por qué estoy tan nervioso?", me pregunté **ahí**, parado **detrás** de la puerta, con una **gota de sudor** corriendo por mi **sien**. Había emigrado a España *desde* Perú sin planificarlo, y la verdad es que dependía de conseguir este trabajo de camarero en un importante restaurante de Madrid.

Tomé una respiración profunda y abrí la puerta, cerrándola y bajando **por** las escaleras de mi edificio **hasta** la planta baja.

La tarde estaba fría, **con ganas de nevar**, y yo no **llevaba puesta** una **chaqueta sobre** mi cuerpo que pudiera **abrigarme**. En Perú había sitios fríos, pero esto era mucho peor. Algunas personas me miraron **de arriba a abajo**, notando **con rareza** mi forma de vestir, ya que me fui **con el uniforme puesto** y los zapatos más elegantes que tenía, lo cual había sido un error. Tuve que subirme **al** autobús, debido a que **no podía gastar** dinero en un taxi, y **pronto arrancó** este **en camino a** la zona elegante de la ciudad.

138

Con cada **frenada** del bus me iba **hacia atrás y adelante**, y pronto me **arrepentí** de no haberme ido caminando. Las personas **chocaban** conmigo, y me di cuenta de que esta era **la hora pico** en la que muchos volvían a sus casas. Mi **jornada, en cambio**, apenas comenzaba.

Llegué a la parada indicada y me bajé rápidamente, caminando **bajo** los últimos rayos del sol **hacia** mi sitio de trabajo. Vi las puertas del restaurante de lujo **en la esquina** de la cuadra, **al otro lado** de un **imponente hotel**, y sentí **más nervios que nunca**, pero supe que debía vencerlos y entré.

"Buenas tardes, joven", dijo una voz. Era un **señor mayor**, también vestido de camarero. "**Pasa adelante**. ¿Vienes por la prueba?".

Respiré profundo e imaginé que no era mi primer día; que estaba empleado y que esto solo era un día más.

"Sí, señor", dije sin pena ni nervios ya.

"Bueno, comencemos entonces", sonrió. "Deberías comenzar **poniendo los vasos y cubiertos sobre las mesas**, por favor".

Seguí sus instrucciones, quitando cada **vaso, tenedor y cuchillo** de las **bandejas** que estaban en la **barra** y colocando cada uno sobre cada mesa.

"¿Así?", pregunté.

"El vaso **delante de** los cubiertos", dijo el señor, **frunciendo el ceño**. "No, más". **Obedecí** y me hizo una **señal de aprobación**. "Ahora, pon las servilletas **encima de** los cubiertos". No había nadie **a nuestro alrededor**, solo el señor y yo. Me pregunté si el **dueño** iba a **contratarme** o no, pero no era el momento indicado para esos pensamientos.

Hice lo que me ordenó y le enseñé.

"¿Así?".

"Sí. Ahora, vamos hacia el depósito, **por el pasillo**, y debes buscar unas **rosas y botellas de vino** para terminar de **decorar** las mesas".

Comenzó a caminar **hacia la parte de atrás** del **gran salón** del restaurante, **del otro lado de** las mesas, y yo lo seguí, viendo que **enfrente de** nosotros había una puerta cerrada con el nombre: *Depósito*.

"¿Todo lo que necesitamos está ahí **dentro**?".

"Sí", respondió. "Aquí guardamos todo en el depósito; en los **estantes** de arriba van las decoraciones de las mesas, abajo van los **envases para llevar** y cosas parecidas. Detrás de esas cajas", apuntó, "están las rosas y botellas de vino. Ayúdame a **bajarlas**".

Puse una silla en el piso, **debajo de** los estantes, y me subí; pude alcanzar las cajas que decía el señor, las cuales moví para encontrar otra caja con las rosas y botellas. **Enfrente de mí** vi cajas de **uniformes**, cubiertos, vasos y muchas otras cosas; al restaurante no le faltaba nada y parecía estar bien dotado de todo.

"Listo", dije, y ambos salimos del depósito nuevamente, comenzando a poner todas las decoraciones sobre las mesas sin problema alguno. Yo seguía preguntándome si me iban a contratar, **una vez** que terminara de trabajar con este señor, pero tendría que esperar a que acabara esta prueba.

"No pongas nada **al borde de** la mesa", me advirtió, y me di cuenta de que casi había **dejado caer** una botella de vino.

"Claro, no lo haré", respondí con **vergüenza**. Pasé la hora haciendo esto, ayudando al señor a hacer **diversas actividades**; poco a poco comenzaron a llegar otros **empleados**, como también **comensales** que se sentaron a ordenar su comida. Por más que quería comenzar a trabajar, el señor no me dejaba ir, y tampoco atendía las mesas por su parte. Era un **momento extraño**, y me di cuenta de que parecía estar **estudiando** mis movimientos **desde** que entre y **durante** todo este tiempo que había transcurrido.

"¿Qué sucede?", preguntó al notar la expresión en mi cara.

"Usted..." comencé. "¿Usted es el dueño de este restaurante, cierto?".

Vino un silencio, donde solo **se oían** las conversaciones **lejanas** de los clientes y algunas voces.

"¿Cómo lo supiste?", dijo el señor finalmente.

"Sé **estudiar** muy bien a las personas", dije. "Es algo que me enseñó mi padre y en lo cual **me entrenó** a través de los años para poder sobrevivir. Allá en Perú tuve que aprender; no hubiese **llegado hasta aquí** sin saber hacerlo".

La sonrisa que apareció en la cara del señor fue **cálida** y **emotiva**.

"Es una gran historia, hijo. Creo que has hecho muy bien tu trabajo el día de hoy y ahora has demostrado que tu papá, con mucha paciencia y **tras** unas grandes lecciones, supo convertirte en un hombre inteligente. Estás contratado".

Celebré visiblemente, estrechándole la mano al señor e **incliné mi cabeza**.

"No le fallaré".

Con los ojos llorosos, el dueño del restaurante se fue hacia el depósito, *volteando* una última vez para mirarme y decir:

"Lo sé. No le fallarás a tu padre, menos a ti mismo. Confío en ti. Ahora, **regresa a casa** y **prepárate para mañana**: tendremos **un día fuerte** de trabajo".

Resumen de la historia

Un joven que emigró desde Perú hasta España siente la presión típica del primer día de trabajo; necesita pasar las pruebas que le pondrán en un restaurante de lujo porque aún no ha sido oficialmente contratado, por lo que sale temprano al sitio en autobús. A pesar del difícil trayecto, pronto llega a su posible nuevo lugar de trabajo y se encuentra con un señor mayor vestido de camarero. No se ve al dueño o al encargado del restaurante por ningún lado, por lo que el joven comienza a hacer lo que le dice el señor, arreglando las mesas, buscando algunas decoraciones en el depósito y más. Llega un momento en el que mira al señor y se da cuenta de que este no ha dejado de estudiarlo; es aquí donde el chico también se da cuenta de que es el dueño. Le cuenta que su papá lo enseñó a analizar a las personas y, el dueño del restaurante, conmovido, decide contratarlo.

Summary of the story

A young man who migrated from Peru to Spain begins to feel the typical pressure of a first day of work; he knows he must pass the tests which they'll set for him at the luxurious restaurant where he wants to start working because he hasn't officially been hired yet, so he leaves early towards the place on a bus. Despite the difficult journey, he soon arrives at his new possible workplace and encounters an elderly man dressed in a waiter uniform. The young man can't see the owner or manager of the restaurant anywhere, so he starts doing what the older man says, setting the tables, looking for the decorations in the storage room and more. The moment finally comes when he looks at the old man and realizes that he hasn't stopped studying him all evening; it is right here when he also realizes that the man is the owner. The young man explains that his father taught him to analyze people, and the owner of the restaurant, moved, decides to hire him.

Vocabulary

primer día de trabajo: first day of work

nueva ciudad: new city

olvidé las llaves: forgot my keys

sobre: on

antes: before

donde: where

quedaba: was

me había preparado: I had gotten ready

necesitaba el trabajo: I needed the job

oficialmente contratado: officially hired

allí: there

ahí: there

detrás: behind

gota de sudor: bead of sweat

sien: temple

por: by

hasta: to

con ganas de nevar: signs of snow

llevaba puesta: wearing

chaqueta: jacket

sobre: over

abrigarme: cover me up

de arriba a abajo: up and down

con rareza: strangely

con el uniforme puesto: wearing my uniform

al: on

no podía gastar: I couldn't afford

pronto arrancó: soon set off

en camino: on the way

frenada: braking

hacia atrás y adelante: backwards and forwards

arrepentí: I regretted

chocaban: bumped into

la hora pico: rush hour

jornada: working hours

en cambio: on the other hand

bajo: under

hacia: towards

en la esquina: on the corner

al otro lado: on the other side

imponente hotel: imposing hotel

más nervios que nunca: more nervous than ever

señor mayor: elderly man

pasa adelante: come inside

respiré profundo: I breathed deeply

poniendo los vasos y

cubiertos: placing the glasses and cutlery

sobre las mesas: on the tables

vaso: cup/glass

tenedor y cuchillo: fork and knife

bandejas: trays

barra: bar

delante de: in front of

frunciendo el ceño: frowning

obedecí: obeyed

señal de aprobación: sign of approval

encima de: on top of

a nuestro alrededor: around us

dueño: owner

contratarme: hire me

por: through/via

el pasillo: the corridor

rosas y botellas de vino: roses and wine bottles

decorar: decorate

hacia la parte de atrás: towards the back

gran salón: great hall

del otro lado de: on the other side of

enfrente de: in front of

depósito: deposit

dentro: inside

estantes: shelves

envases para llevar: takeaway containers

bajarlas: bring them down

debajo de: underneath

enfrente de mí: in front of me

uniformes: uniforms

una vez: once

al borde de: on the edge of

dejado caer: knocked over

vergüenza: embarrassment

diversas actividades: diverse activities

empleados: employees

comensales: diners

momento extraño: strange moment

estudiando: studying

desde: from

durante: throughout

se oían: could be heard

lejanas: faraway

estudiar: study

me entrenó: trained me

llegado hasta aquí: come this far

cálida y emotiva: warm and emotional

tras: after

celebré visiblemente: I celebrated visibly

estrechándole la mano: shaking his hand

incliné mi cabeza: I bowed my head

con los ojos llorosos: with watery eyes

regresa a casa: go back home

prepárate para mañana: prepare for tomorrow

un día fuerte: a rough day

Questions about the story

1) ¿De dónde era el joven originalmente?

   a) España

   b) Venezuela

   c) China

   d) Perú

2) ¿Cuántas horas antes se vistió para estar listo?

   a) Una

   b) Dos

   c) Tres

   d) Media

3) ¿Qué hora era aproximadamente?

   a) Temprano en la mañana

   b) Mediodía

   c) Atardecer

   d) Noche

4) ¿Qué objetos buscaron en el depósito?

   a) Cuchillos y tenedores

   b) Rosas y botellas de vino

   c) Uniformes y servilletas

   d) Envases para llevar

5) ¿Quién le enseñó al joven a estudiar a las personas?

   a) Su padre

   b) Su madre

   c) Su hermano

   d) Su abuelo

Answers

1) D
2) B
3) C
4) B
5) A

CHAPTER FIFTEEN

Punctuation

¡Enséñame a escribir, mamá! – Teach me how to write, mom!

Pedrito llegó a casa y se sentó en la sala. Las lágrimas corrían por sus **mejillas** y era claro que se sentía triste por alguna razón. **Lloriqueó** fuertemente y miró al piso, haciendo que su madre volteara y lo mirara fijamente.

"Mi amor, ¿qué tienes? ¿Por qué estás así, pequeño?", preguntó, **visiblemente afectada** y **con preocupación** por su hijo. No había visto a Pedrito tan triste en mucho tiempo y esto la **angustiaba** mucho.

Primero hubo silencio de parte de Pedrito, pero este notó que su madre aún estaba esperando alguna respuesta y decidió hablar.

"Mamá, es que en la escuela el profesor dice que **no sé escribir ni hablar bien** el español; creo que necesito ayuda con eso y no sé quién pueda ayudarme. ¿Podrías enseñarme lo que son los **signos de puntuación** y cómo utilizarlos?".

Mariana puso una cara de ternura y felicidad: su hijo le estaba pidiendo ayuda, y su tristeza se debía a que quería aprender. Era algo que le alegraba mucho; significaba que Pedrito se ponía triste cuando no sabía algo. Era buena señal.

"De acuerdo, hijito, ¡claro que puedo! ¡Eres mi pequeño y nunca te diría que no! A ver, ¿qué tienes que practicar?".

Pedrito se llevó las manos a la cabeza. Era como si no supiera por dónde comenzar.

"Bueno, es que… no sé, mamá. Por favor, solo explícame lo que sepas".

"De acuerdo, Pedrito", dijo Mariana, buscando la mejor manera de comenzar. "¿Sabes cómo se usan los **puntos** y las **comas**?". Pedrito la miró extrañamente. "Bueno, comencemos con los puntos. Existe el **punto y seguido**, el cual se usa para finalizar una **oración** y seguir la idea. El **punto y aparte**, en cambio, tiene utilidad cuando acaba una idea y vas a pasar a otro **párrafo**".

"Entiendo", dijo el pequeño Pedrito. "¿Y las comas?".

"Las comas permiten separar oraciones con una misma idea. Crean una **pausa**, para poder seguir hablando de algo".

"Vaya, interesante. ¿Y cómo hago una **pregunta**?".

Mariana se rio.

"¡Pues acabas de hacer una! Debes utilizar los **signos de interrogación**: estos **se abren y se cierran** al principio y final de cada oración, y representan las preguntas".

"Entiendo, entiendo. A ver, ¿y esos **signos de exclamación**… cómo se utilizan, mamá?".

Mariana se sentó al lado de Pedrito y le comenzó a explicar:

"Bueno, ¿sabes cuando estás con tus amiguitos y están gritando fuerte? Los signos de exclamación funcionan para expresar gritos, ya sean de **alegría**, **rabia o tristeza** y para hacer **énfasis**".

"¿Énfasis? ¿Qué es eso, madre?".

"Es como para darle más fuerza a algo. En el **castellano** también deben abrirse y cerrarse, como los signos de interrogación".

"Ya", dijo Pedrito. "He oído de **punto y coma** y **dos puntos**; ¿qué papel juegan estos en el idioma?".

Mariana dibujó ambos signos y apuntó al primero.

"Este es el punto y coma; se utiliza para unir dos **cláusulas independientes**, que están relacionadas de alguna u otra forma, sin usar un **conector**. Antes de que preguntes", agregó Mariana, "las **cláusulas dependientes** e independientes son ideas. Las independientes, en este caso, son aquellas que pueden ir separadas y no dependen la una de la otra".

"¿Y las dependientes, mami?", preguntó Pedrito.

"Pues son aquellas que necesitan de otra para tener sentido, ¿sabes?".

"Creo que sí. ¿Y los conectores qué son y cómo funcionan?".

Esta pregunta era más difícil. Mariana se puso a pensar un momento.

"Bueno, los conectores son esas palabras que unen oraciones de forma sencilla, donde no entra un punto y coma. Nos permiten juntar ideas y no pausar tanto cuando estemos hablando". Recordó algo y continuó: "Por cierto, no te expliqué los dos puntos. Estos son signos que se usan para unir una cláusula independiente con una dependiente; pueden también servir para **enumerar listas** o **representar la hora**".

"Me gusta, entiendo", dijo Pedrito, pareciendo un hombrecito. "¿Y **los paréntesis** cómo funcionan?".

"Mmm, los paréntesis", pensó en voz alta Mariana. "Pues estos tienen múltiples usos, pero en la **redacción** tienen como objetivo ser utilizados para permitir **esclarecer** y/o **dar más detalles** acerca de algo en el texto que no se entiende o no es tan obvio a primera vista".

"¡Vaya! Me gusta cómo me explicas. A ver, ¿de qué hablaba el profesor cuando nombró los párrafos?".

Mariana se sintió **halagada** por su hijo y empezó a pensar en la respuesta a su pregunta.

"Bueno, los párrafos son un **conjunto de ideas** que se expresan en oraciones hasta finalizar esta idea específica y pasar a otra. No deben ser tan largos, y hay distintos tipos para usos variados".

"¿Como cuáles, mamá?".

"Pues para introducir un texto usarías un **párrafo de introducción**, y para cerrar podrías usar un **párrafo de conclusión**. Los **guiones** pueden unir también ideas, en lugar de un conector, por cierto. Olvidé mencionar eso anteriormente".

Pedrito sonrió. Estaba **tomando nota** de todo y **repasando** todo lo que su madre le estaba diciendo; se veía mucho más contento de lo que había estado al llegar a la casa, y Mariana sabía que estaba logrando algo con su hijo.

"¿Necesitas saber algo más, hijo?".

"Sí, madre, una última cosa: ¿qué significa **resumen**, o **resumir**?".

"A ver, Pedrito, un resumen es aquello que haces cuando recortas una historia y la explicas hablando de los **puntos más relevantes** o ideas más importantes, así evitando hablar de más. Cuando te pregunto cómo te fue en el día y me cuentas qué clases viste, qué juegos jugaste y con quién, me estás dando un resumen. Así evitas decirme cada pequeña cosa que hiciste. Además, a ti te encanta darme resúmenes. ¿Así entiendes?".

Pedrito se rio con pena. Era cierto; a veces le daba flojera contar las historias completas cuando se trataba de relatar su día en la escuela. Su mamita tenía razón.

"Ay, mami, es cierto. Está bien", dijo luego, sonriendo de oreja a oreja. "Me has ayudado muchísimo. ¡Gracias, mami, te amo!".

"Yo también te amo", dijo Mariana con emoción por haber podido colaborar con su hijito. "Siempre estaré aquí para **apoyarte**".

Resumen de la historia

Un niño llamado Pedrito llega a su casa con mucha tristeza. Su madre lo ve y le pregunta qué le sucede. Al parecer, el chico fue regañado por su profesor de lenguaje, el cual le dijo que no sabía hablar o escribir bien el español. Es por esto que Pedrito le pide a su madre que le explique cómo funcionan los signos de puntuación. Poco a poco, Mariana, la madre de Pedrito, va haciendo el esfuerzo para explicarle todo. Al finalizar, Pedrito se siente mucho más seguro y le agradece la lección. Mariana también se siente contenta de haberlo ayudado.

Summary of the story

A boy named Pedrito arrives home with a terrible feeling of sadness. His mother spots him and asks him what's going on. Apparently, the boy was scolded by his language teacher, who told him he had many problems with writing and speaking Spanish properly. It is because of this that Pedrito asks his mother to teach him how punctuation marks work and how to use them. Word by word, Mariana, Pedrito's mother, tries to explain everything. By the end, Pedrito feels much more secure and thanks her for the lesson. Mariana also feels happy to have been able to help her son.

Vocabulary

mejillas: cheeks
lloriqueó: whimpered
visiblemente afectada: visibly affected (feminine)
con preocupación: with worry
angustiaba: made her upset
no sé escribir ni hablar bien: I don't know how to write or speak well
signos de puntuación: punctuation marks
puntos: periods
comas: commas
punto y seguido: period
oración: sentence
punto y aparte: period. New paragraph
párrafo: paragraph
pausa: pause
pregunta: question
signos de interrogación: question marks
se abren y se cierran: they open and close
signos de exclamación: exclamation marks
alegría: joy
rabia: rage
tristeza: anger
énfasis: emphasis
castellano: castilian

punto y coma: semicolon
dos puntos: colons
cláusulas independientes: independent clauses
conectores: connectors
cláusulas dependientes: dependent clauses
enumerar listas: numbering items
representar la hora: representing the time
los paréntesis: brackets
redacción: writing
esclarecer: clearing up
dar más detalles: giving more details
halagada: flattered
conjunto de ideas: set of ideas
párrafo de introducción: introductory paragraph
párrafo de conclusión: conclusion paragraph
guiones: dashes/hyphens
tomando nota: taking note
repasando: reviewing
resumen: summary
resumir: summarize
puntos más relevantes: most relevant points
apoyarte: support you/help you

Questions about the story

1) **¿Cómo se llamaba la mamá de Pedrito?**

   a) Mariana

   b) María

   c) Mary

   d) Mery

2) **¿Cuál fue el primer signo de puntuación que explicó la mamá de Pedrito?**

   a) Punto y coma

   b) Coma

   c) Punto

   d) Dos puntos

3) **¿Qué unen los dos puntos?**

   a) Dos oraciones

   b) Dos cláusulas independientes

   c) Una cláusula independiente y una dependiente

   d) Dos párrafos

4) **¿Qué son los párrafos?**

   a) Una colección de palabras sin relación

   b) Un grupo de signos de puntuación

   c) Un conjunto de oraciones relacionadas

   d) Una selección de ideas esparcidas

5) **¿Cómo se llama cuando se toman las ideas más importantes para expresar una historia?**

   a) Borrar

   b) Contar

   c) Explicar

   d) Resumir

Answers

1) A
2) C
3) C
4) C
5) D

CHAPTER SIXTEEN

Verbs in Gerund

Adentrados en el bosque, parte II – Immersed in the forest, Part II

El segundo rugido **retumbó** por todo el bosque, **dejando** tras de sí a dos humanos **petrificados**. **Dudando** por un largo instante, Peter y Jon se miraron, con sus armas **apuntando** hacia el suelo del bosque y sus miradas encontrándose mientras que el terror se esparcía a través de ellos. Algo se estaba **aproximando**, un segundo oso que venía **corriendo** y que no se iba a detener: estaban en verdaderos problemas.

Temblando, Jon levantó su rifle y comenzó a apuntar. Peter también miraba desesperado, el suelo **temblaba** y los árboles **se agitaban** mientras algo venía **embistiendo** todo a su paso.

El último rugido escapó de la garganta del segundo oso antes de que este se hiciera visible: los hermanos no podían creerlo.

A pesar de que el primer oso había sido el más grande que habían visto jamás, este que estaban **mirando** ahora era aún más enorme que el anterior. Era la madre osa. Se acercó poderosamente, con sus garras **rasgando** el suelo mientras se aproximaba y **largos hilos de saliva colgando** de sus **mandíbulas**.

"A la cuenta de tres", dijo Peter. "Uno, dos, ¡*tres!*".

Ambos jóvenes comenzaron a correr, **buscando** un escape a esta terrible situación; el oso decidió ir tras Jon sin pensarlo dos veces. **Evadiendo** y **huyendo**, Jon pasaba entre los árboles y trataba de voltearse a disparar su rifle, pero era imposible. Los sonidos del salvaje animal llegaban a sus oídos, y esto lo desesperaba más aún. **Gritando**, Peter le señalaba a su hermano que lo siguiera de vuelta al pueblo, donde habría cazadores armados, pero Jon no tenía tiempo de desviarse.

Siguió corriendo, **escuchando** ahora otros sonidos a un lado que parecían indicar que el otro oso, al cual le habían disparado, venía de regreso.

La detonación de un disparo se escuchó un momento después y los osos se pararon, **tratando** de encontrar de dónde había venido este sonido. Otra detonación los hizo ir **andando** hacia su origen. Jon, por ahora, estaba seguro. Peter, el cual había disparado, no lo estaba. **Entrando** rápidamente en modo de alerta, Jon fue hacia el origen del disparo, buscando ayudar a su hermano antes de que las cosas se pusieran feas. Nunca había estado en una situación parecida, pero, saliendo con su padre de cacería, había aprendido como debía reaccionar cuando un animal lo estaba atacando.

"¡Peter!", gritó, **apartando** las ramas de los árboles que rozaban su cara. Los gritos de su hermano estaban **resonando** por el bosque y a Jon le pareció que su hermano estaba **cayendo** en una situación muy peligrosa. "¡Peter!".

Llegó a la escena justo cuando los enormes animales estaban **acorralando** a Peter.

"¡Jon!", gritó Peter, aterrorizado, tratando de huir, pero ya sin un camino para escapar.

Jon supo que no había mucho que hacer: si disparaba a uno de los osos, el otro iría por él; si no hacía nada, los osos se comerían a su hermano. No había una salida fácil y parecía estar todo perdido. Era imposible…

De pronto se escuchó el sonido familiar de unos veloces pasos — venía **llegando** un **pesado caballo** con su **paso atronador**, y se oían los poderosos gritos de un hombre—.

"¡Vamos, huyan!", gritó, momentos antes de disparar algo al aire. La **bengala** voló alto, con su poderosa luz roja **iluminando** la noche y haciendo que los osos miraran hacia el cielo con temor. Peter corrió hacia Jon, antes de que los animales pudieran reaccionar, y ambos fueron hacia el hombre en el caballo: era su padre.

"¡Papá!", gritaba Peter, **riendo** con alivio, "¡Viniste!".

"¡Cállate y corre!". Estaba gritando el padre de los dos, cargando otra bengala en su arma. Los osos ya estaban **gruñendo** y **despertando** de esta breve distracción que se les había creado. "¡Regresen a casa!".

El hombre **les llamó la atención** y ambos animales comenzaron a perseguirlo, **haciendo** que él disparara otra bengala antes de arrancar con su caballo.

Peter y Jon huyeron, ambos sabiendo que era su única opción. Tenían que volver a casa, ya que su padre había hecho casi lo imposible para salvarlos de alguna forma. A Jon le daba temor saber que se había ido solo con su caballo, **arrastrando** dos enormes **bestias hambrientas** detrás de él, pero parecía no haber nada más que hacer...

... ¿o sí?

"No podemos dejar esto así", dijo Jon.

"¿Qué quieres decir, Jon?", preguntó Peter. "Él nos pidió regresar a casa".

"Pero no podemos". Levantó su arma y miró a su hermano. "Debemos ayudarlo".

Peter dudó por un momento, **deseando** que su hermano menor no fuera tan arriesgado, pero esto no iba a cambiar.

"Vamos, entonces".

La persecución se volvió más intensa que nunca, y pronto los hermanos vieron cómo su padre luchaba por escapar de los dos osos, los cuales se acercaban cada vez más. Su arma de bengalas se había agotado y ya no tenía nada más que hacer. Estaba **prolongando lo inevitable**.

Jon no iba a permitirlo.

Corrió con su arma levantada mientras Peter hacía lo mismo, **preparándose** para tomar la decisión más arriesgada de su vida.

"A las tres", dijo Jon.

"Uno", dijo Peter.

"Dos", dijo Jon.

"¡Tres!", gritaron ambos, y dispararon.

BANG.

Los osos **chillaron**, intentando huir, pero los disparos habían sido letales. Ambos animales se **desplomaron**, cayendo fuertemente sobre el suelo del bosque y dejando todo en silencio.

El padre de los chicos los miró desde su caballo, su pálida cara **recobrando** su color.

"¿Qué-qué hacen aquí?".

"Vinimos a salvarte, papá", dijo Jon.

A pesar del momento y a pesar de todo lo que había ocurrido, el padre de los jóvenes sonrió.

"Vamos a casa. Tienen un regaño pendiente, pero quizás me pueda olvidar".

Entre risas, los tres cazadores regresaron a casa, **triunfantes**.

Resumen de la historia

Aparece un segundo oso en esta situación de caza tan precaria. Jon pierde a Peter antes de que puedan huir hacia su pueblo y decide ir a buscarlo antes de que sea tarde. Cuando lo halla, Peter está acorralado y cerca de ser devorado; al parecer, nada lo podrá salvar. Justo en ese momento, llega alguien con una pistola de bengalas —es el padre de ambos cazadores, quien les ordena huir mientras él se encarga de los osos—. Aunque primero ambos jóvenes le obedecen, Jon decide volver a salvar a su padre y Peter lo sigue. Es en ese instante cuando ven a su progenitor siendo rodeado, como lo fue Peter en su momento, y Jon decide matar a los osos. Un disparo certero de cada uno les quita la vida a los osos y todos regresan a casa, aliviados y triunfantes.

Summary of the story

A second bear appears in this already deadly hunt. Jon loses Peter before they can escape back to their town, and decides to go after him before it's too late. When he finds him, Peter is surrounded and about to be devoured; apparently nothing will save him. Right at that moment, someone arrives with a flare gun—it's the father of both hunters, who orders them to run while he takes care of the bears. Although at first both young men obey, Jon decides to return and save his father, and Peter follows him. In that precise instant, they see their father surrounded as Peter had been, and Jon decides to risk everything to kill the bears. A pair of well-placed shots take the lives of both bears, and the three hunters return home feeling relieved and triumphant.

Vocabulary

retumbó: resounded
dejando: leaving
petrificados: petrified
dudando: doubting
apuntando: aiming
aproximando: approaching
corriendo: running
temblaba: trembled
se agitaban: shook
embistiendo: ramming
mirando: looking
rasgando: tearing
largos hilos de saliva: long strings of saliva
colgando: hanging
mandíbulas: jaws
buscando: looking for
evadiendo: evading
huyendo: fleeing
gritando: shouting
escuchando: listening
tratando: attempting to
andando: moving
entrando: going in
apartando: pushing aside
resonando: echoing

cayendo: falling
acorralando: cornering
llegando: arriving
pesado caballo: heavy horse
paso atronador: thunderous pace
bengala: flare
iluminando: lighting up
riendo: laughing
gruñendo: growling
despertando: awaking from
les llamó la atención: he caught their attention
haciendo: making
arrastrando: dragging
bestias hambrientas: hungry beasts
deseando: wishing
prolongando lo inevitable: prolonging the inevitable
preparándose: preparing
chillaron: screamed
desplomaron: collapsed
recobrando: recovering
triunfantes: triumphant (Plural)

Questions about the story

1) ¿Qué relación tenía el segundo oso con el primero?

a) Su padre

b) Su hermano

c) Su madre

d) No especifica

2) ¿Qué ocurrió al llegar el segundo oso?

a) Los jóvenes escaparon

b) Un oso murió

c) Jon fue acorralado

d) Peter fue acorralado

3) ¿Quién llegó para salvar a los dos jóvenes?

a) Su padre

b) Un amigo

c) Un cazador

d) Nadie

4) ¿Qué usó el salvador de los jóvenes para crear una distracción?

a) Una pistola de bengala

b) Una sirena

c) Un rifle

d) Una red

5) ¿Cómo acabó la lucha?

a) Con ambos osos escapándose

b) Ambos osos muertos, el papá de los jóvenes muerto

c) Los osos se comieron a los tres cazadores

d) Ambos osos muertos y los tres cazadores vivos

Answers

1) B
2) D
3) A
4) A
5) D

CHAPTER SEVENTEEN

Future Tense

Quiero ser la mejor – I want to be the best

El **cerro** de platos y **ollas sucias**, las **deudas** por pagar y el **desorden** de la casa se habían convertido en un **tormento** para Mary y ya sentía que no podía más. Suspiró y trató de pensar en lo bueno que **vendría más tarde**. Quizás con eso todo mejoraría.

Mary se había unido a una **terapia grupal** con un famoso **maestro espiritual** del **Lejano Oriente**, un gurú llamado Garay que realizaba convenciones alrededor del mundo para mejorar la vida de hombres y mujeres con sus estrategias para vivir plenamente. Mary había contratado a una **niñera** para cuidar de sus dos hijos durante las tres horas que duraba el evento, y solo faltaba esperar hasta la noche y arreglarse para el momento.

Deseaba que su situación de vida cambiara y que su actitud mejorara; desde que su esposo murió, ya nada era igual y se sentía **estancada**.

Había llegado el momento de salir, de imaginarse un futuro en el que hacía su vida de manera exitosa. Algún día **cumpliría su sueño** de ser médico y cuidar de los niños con cáncer; era su deseo de toda la vida.

Se dirigió hasta el salón donde se llevaría a cabo el evento, pensando en todas las metas que tenía y de cómo hablaría con el maestro espiritual. Le preguntaría cómo **organizar su tiempo**, cómo sería su existencia si aprendiera a **invertir** su dinero y qué haría para poder seguir siendo buena madre y no **sacrificar** a sus hijos por sus sueños.

El camino fue largo, pero Mary llegó muy emocionada al gran salón donde se llevaría a cabo la conferencia. Había personas de todas partes y Mary sabía que habría más aún al pasar las horas; todos querían ver a Garay y recibir las **lecciones** que él ofrecía, esas lecciones que habían ayudado a tantos.

Mary enseñó su **boleto** en la puerta y se fue acercando al asiento donde estaba asignada: ya había cientos de personas esperando a que llegara el gurú. Cuando este finalmente apareció, las luces fueron apagadas lentamente y comenzó a sonar una música.

"Buenas noches a todos", dijo una voz. "Si están acá, es porque saben que van a **llegar a ser** mejores personas; ¡Es porque tienen planes a futuro y porque todo irá hacia el éxito!".

Las luces volvieron a encenderse y ahí estaba: Garay, el maestro espiritual.

"¿Qué desearían ser en cinco años? ¿**Exitosos** o solo **satisfechos**?".

"¡Exitosos!", gritaron todos, incluyendo a Mary.

"¿Habrá algo deteniéndolos de conseguirlo?", preguntó el gurú.

"¡No!", gritaron todos.

"Usted", dijo el maestro Garay, apuntando a un joven. "Venga y párese aquí en el **escenario** conmigo". El joven subió al escenario con una mirada nerviosa. "Ahora, hijo, ¿cómo te llamas y qué desearías tener en cinco años?".

"Mi nombre es Juan, señor gurú, y desearía más que nada ser dueño de mi propia empresa de tecnología".

El gurú sonrió agradablemente.

"Pues eso tendrás, Juan. Me aseguraré de ayudarte para que así sea; no te pierdas ninguna de las lecciones que daré hoy". Le indicó que volviera a su asiento y miró a una señora mayor. "Tráiganla a ella, esa bella abuela que seguramente tiene mucho que contar".

Dos mujeres jóvenes ayudaron a subir a la señora y el gurú bajó para **tenderle una mano** hacia el escenario.

"Ahora, ¿cómo se llama usted, bella dama, y qué visiones tiene para el futuro?".

"Ay, hijo", contestó la señora mayor. "Me llamo Cintia, pero estoy un poco vieja para tener visiones de futuro".

El gurú tuvo una expresión facial como de horror.

"¿Cómo que está muy vieja? ¡Jamás se está muy viejo! ¿Acaso no le encantaría que sus **nietas** o hijas la invitaran a viajar? ¿Acaso no disfrutará los cumpleaños que aún tiene por celebrar?".

"Bueno, sí", dijo la señora, algo pensativa. "Tienes razón, maestro Garay".

"¡Por supuesto que tengo razón! Quiero que todos entiendan que la vida no acaba. ¡La vida es planear hoy y vivirla!". Ayudó a la señora de vuelta a su asiento. "Un voluntario más, a ver...". El maestro siempre llamaba a tres personas a su escenario y faltaba una. Mary sonreía, sabiendo que jamás la nombraría a ella. Seguramente ni le prestaría atención en—

"¡Tú! ¡Ven aquí!", gritó el gurú. Estaba apuntándole a ella. A Mary, la que nunca pensó que sería seleccionada. ¡Garay, el famoso maestro espiritual que era reconocido en todo el mundo, la estaba apuntando para subir a su escenario!

"¡¿Yo?!", preguntó Mary mientras unos hombres la ayudaban hasta el escenario.

"¿Cuál es tu nombre, amiga?", preguntó el gurú. Mary lo miraba de cerca: no era joven, pero tampoco viejo; tenía aspecto limpio y ordenado, y olía bien. "¿Qué deseas **lograr** en tu vida?".

"Pues…". Mary comenzó a pensar. Todo el público la miraba y esperaba ansioso su respuesta. *¿Qué es lo que quiero?* Pensó. *¿Qué necesito más?* Había mucho en su mente en ese momento, pero no pudo evitar más que pensar en sus hijos. "Me llamo Mary y quiero darles lo mejor a mis hijos; quiero ser la mejor madre para ellos y darles todo lo que necesiten, ya que su padre no está con nosotros. Nada más que eso".

El público se quedó en silencio. Incluso Garay se detuvo un momento de hablar.

"Vaya, amiga Mary. Tus palabras me han conmovido como jamás lo han hecho otras de las personas que han venido a mi programa. De hecho, todos siempre quisieran tener **cosas materiales**, pero nunca he recibido una respuesta con tanto amor y **tanta pureza** como la tuya. ¡Un aplauso para Mary!", gritó, y todos se pararon a aplaudirla. "Me aseguraré de que seas recompensada".

Mary, sonrojada, fue hasta su asiento y escuchó el resto de la lección. Durante tres horas aprendió mucho, abrió su mente y **reafirmó** la idea de que sería la mejor madre que sus hijos podrían tener.

Al final, ya cuando todos se iban y el salón se vaciaba, Mary se paró de su silla sintiéndose feliz y mucho más satisfecha con el mundo. Cumpliría sus sueños, y sería mejor que nunca para sus muchachos.

De repente, alguien le tocó el hombro.

"¿Disculpa, Mary?", preguntó un hombre desconocido.

"¿Sí? Ya me iba. El evento estuvo realmente increíble".

"Bueno, Mary, es que el maestro te envió este cheque".

Cuando Mary vio lo que tenía en las manos, notó que era un cheque con un valor de... *¡cincuenta mil dólares!*

"¿Y esto por qué?", preguntó al hombre, quien parecía ser el representante de Garay.

"Es para que cumplas tus sueños. Ahora anda, toma un taxi a casa, nosotros lo pagamos".

Y de ahí se fue Mary a casa, orgullosa de sí misma; jamás nada iba a ser igual.

Resumen de la historia

Mary es una madre soltera que trabaja duro para cuidar de sus hijos, luego de quedar viuda por la muerte de su esposo; decide asistir a la conferencia de un maestro espiritual del Lejano Oriente que ha venido a la ciudad para dar lecciones de vida y ayudar a los asistentes. Mary se siente entusiasmada al llegar y pronto comienza el espectáculo: son llamadas dos personas al escenario para que respondan unas preguntas y solo falta por llamar a la tercera. Mary es la seleccionada y el gurú le pregunta qué desea. Cuando Mary dice que solo quiere darles todo a sus hijos, conmueve al maestro y, al finalizar el evento, este le manda un cheque por mucho dinero y un taxi para llevarla a casa. Su vida cambiará para siempre.

Summary of the story

Mary is a single mother working hard to take care of her children after her husband's death leaves her a widow. She decides to go to the conference of a spiritual guru from the Far East, who has come to the city to give life lessons and help his audience. Mary feels excited on arrival and soon the show begins: two people are called up to the stage to answer some questions, and soon only one remains to be called. Mary is the chosen one, and the guru asks her what she wishes for. When Mary says she only wants to give everything she can to her sons, the guru is clearly moved, and when the event is done he sends her a huge check and a taxi to take her home. Her life will change forever.

Vocabulary

cerro: mountain

ollas sucias: dirty pots

deudas: debts

desorden: mess

tormento: torment

vendría más tarde: was coming later

terapia grupal: group therapy

maestro espiritual: spiritual guru

Lejano Oriente: Far East

niñera: babysitter

estancada: stuck

cumpliría su sueño: would fulfill her dream

organizar su tiempo: organize her time

invertir: invest

sacrificar: sacrifice

lecciones: lessons

boleto: ticket

llegar a ser: to become

exitosos: successful (plural)

satisfechos: satisfied (plural)

escenario: stage

tenderle una mano: give her a hand

nietas: granddaughters

lograr: accomplish

cosas materiales: material things

tanta pureza: so much pureness

reafirmó: reaffirm

Questions about the story

1) ¿Cuántos hijos tiene Mary?

a) Uno

b) Dos

c) Tres

d) No especifica

2) ¿Cuál es el sueño de Mary?

a) Ser médico

b) Tener más hijos

c) Curar el cáncer

d) Ser millonaria

3) ¿Cómo se llama el maestro espiritual?

a) Juan

b) Anderson

c) Pepito

d) Garay

4) ¿Cuál era el sueño de Juan?

a) Ser rico

b) Tener su propia empresa

c) Tener un auto

d) Ser un genio

5) ¿Cuánto dinero le dio el maestro a Mary en dólares?

a) Cincuenta mil

b) Cincuenta

c) Cien mil

d) Un millón

Answers

1) B
2) A
3) D
4) B
5) A

CHAPTER EIGHTEEN

Day-to-Day Tasks

Viviendo solo – Living alone

Me he mudado y absolutamente todo ha cambiado. La verdad es que normalmente no estaría escribiendo esta entrada en mi **diario**, pero me he llevado una gran sorpresa desde que decidí **comenzar a vivir** en Caracas. Ha sido un **giro de ciento ochenta grados** el salir de casa de mis padres y comenzar a realizar mis **quehaceres diarios** sin ayuda.

Mantenerme solo ha hecho que tenga que organizar más mi tiempo y estar pendiente de lo que necesito para **no morirme de hambre**.

Primero, he tenido que cogerle **el gusto** a **ir al mercado** y comprar los ingredientes más básicos para la comida. Antes solamente esperaba a que mi madre o mi abuela **cocinaran** para mí, pero ahora tengo que saber escoger entre **cortes de carne**, seleccionar los **mejores vegetales** y no olvidar las **especias**. Además, estoy comiendo más sano y debo evitar sobrepasarme con los **helados**, **pasteles** y **otras golosinas** que no ayudarán en nada.

Cuando se trata de **pagar los recibos**, también se ha convertido en un **gasto adicional** que no esperaba. Antes vivía en la casa de mis padres y solo debía pensar en mis propios gastos de salidas, para la universidad y otras cosas. Ahora debo **administrar bien el dinero** para **pagar el alquiler de la pieza**, la electricidad y el agua, además de dejar algo para el transporte.

Lavar mi ropa tampoco ha sido fácil, y ahora debo apartar un día de la semana para **meter en la lavadora y secadora toda mi ropa sucia**. Lo que se debe lavar a mano me lleva otras horas más, y ahora entiendo que no era poca cosa lo que hacía mi madre.

Finalmente, he comprendido la importancia de la **limpieza: barrer y trapear el piso** cada cuantos días para evitar **acumulación de polvo y sucio; limpiar el inodoro** para que esté brillante y fresco y evitar que la cocina esté **grasienta o sucia con comida**; todo esto ha hecho que mis **horas ociosas** estén contadas.

Pero he tenido que lidiar con ello de alguna forma.

Hoy, **desperté** con el sonido de mi alarma a las siete de la mañana, levantándome de la cama antes de ordenarla, y enseguida me metí al baño. **Usé el inodoro** y **me cepillé los dientes**, terminando por **entrar en la ducha**. Tras un baño relativamente rápido, me salí y **me vestí** para **preparar mi desayuno y el almuerzo** para ese día de trabajo (**me desempeño** actualmente como **diseñador gráfico** en un diario nacional). Mi perro, Tito, de raza Pug, no estaba despierto aún y decidí dejarlo quieto.

Para **desayunar** pensé en los panqueques que hace mi madre, aquellos que se hacen gruesos y se sirven con **sirope de maple** y una **tira de tocineta** cada una. Las disfruté mucho, asegurándome de comer rápido para llegar al trabajo a las nueve. El almuerzo que preparé fue algo simple, algo que causaría a mi mamá preocupación por lo sencillo: **carne con arroz y frijoles**, y lo hice con pocas ganas. Pero tenía que comer y no podía gastar comiendo en la calle si quería controlar mis gastos y no quedarme sin dinero.

Bajé por el elevador hasta la planta baja y **tomé un autobús** a la estación de metro que me llevaría cerca de mi lugar de trabajo. Había muchas personas esperando el autobús, pero logré subirme a empujones y trasladarme hasta el metro. Estaba en la estación

Bello Monte y debía llegar hasta Capitolio. No era un viaje tan corto, así que tenía que moverme rápido.

El metro estaba congestionado, como siempre, y tuve que esperar a que pasara un tren antes de poder subirme en el segundo. Fue un viaje rápido con cambio de línea, pero a la media hora finalmente llegué a mi trabajo.

La oficina estaba completamente llena, y enseguida me senté en mi cubículo a trabajar en las **portadas** de la **revista dominical** que tiene el diario. Mi jefe llegó antes del mediodía y me asignó otras tareas para después del almuerzo, y las guardé en mi escritorio. Comí en el último piso del edificio, junto a mis compañeros de trabajo, mirando pasar a las personas y **disfrutando de la vista** de la capital de Venezuela. Es una ciudad peligrosa, pero hay mucho que hacer y la gente es muy única y especial.

Hablé un rato con dos periodistas que estaban descansando de **dar reportajes**: me contaron que viajarían con sus familiares durante el fin de semana. En ese momento me sentí bastante solo, pero decidí **terminar mi comida** y continuar trabajando.

Mientras trabajaba, pensaba en que tenía que **pasear a Tito** cuando llegara, además de considerar **ir al gimnasio** a **hacer ejercicio**. Suspiré, pensando que ahora tenía muchas **obligaciones**.

Al salir del trabajo fui a casa para cenar y sacar a Tito, el cual estaba emocionado de verme y de poder hacer sus necesidades, y pronto me cambié de ropa para ir al gimnasio. Como cosa rara en Caracas, también estaba lleno, así que tuve que esperar para usar las máquinas. Para cuando finalicé, estaba casi muerto por tanto que me había tocado hacer y solo quería llegar a dormir. Lamentablemente, no sería así —tenía que **planchar la ropa** para el día siguiente—.

Me senté por un momento y quise gritar o llorar: era demasiado para mí solo. Lo que me detuvo fue que de repente comenzó a sonar mi teléfono celular. Cuando saludé, era mi madre al otro lado de la línea. Cuando le comencé a contar todo lo que me estaba pasando, ella logró calmarme, diciéndome que, aunque pareciera fuerte, todo iba a **volverse más sencillo** y que, cuando me diera cuenta, iba a sentirme super cómodo y con ganas de formar una familia.

"De todas maneras, Daniel", me dijo mi madre, "Esto no es nada comparado con el momento **cuando nazcan tus hijos**".

Era tan cierto que tuve que aceptarlo. Nos reímos y seguimos hablando por mucho rato, y en ese momento **sentí fuerza**. Gracias por estar ahí, mamá.

Resumen de la historia

Un joven se ha mudado solo a Caracas y está acostumbrándose a la vida lejos de su madre y abuela, la cual es mucho más complicada de lo que él pensaba. Cuenta en su diario que ha tenido que aprender a hacer sus propias compras y organizar su tiempo, además de pagar los recibos y comer sano. Limpiar y lavar le cuestan trabajo, y pronto comienza a contar sobre su día: se levanta temprano para poder hacer todo lo que le toca ese día antes de llegar al trabajo en metro. Ahí, se siente muy solo escuchando a otros hablar de viajes en familia, y llega a casa sintiéndose exhausto tras un rato en el gimnasio. Aun así, cuando se siente peor, su madre lo llama y le da fuerzas y ánimo, salvándolo de la tristeza.

Summary of the story

A young man has moved alone to Caracas and is getting used to life far away from his mother and grandmother, a life much more complicated than he'd expected. He writes in his diary that he's had to learn to do his own shopping and organize his time, as well as pay the bills and eat healthily. Washing and cleaning also is tough, and soon he begins to tell a tale about his day: he gets up early to be able to get everything done before leaving for work on the train. There, he feels very lonely listening to others talk of their family trips, and he arrives home feeling exhausted after a while at the gym. Even so, when he feels worse, his mother calls him and gives him strength and encouragement, saving him from sadness.

Vocabulary

me he mudado: I have moved

diario: diary

comenzar a vivir: starting to live

giro de ciento ochenta grados: a one-hundred-and-eighty degree twist

quehaceres diarios: daily chores

mantenerme solo: taking care of myself/covering my own expenses

no morirme de hambre: not starving to death

cogerle el gusto: beginning to like

ir al mercado: going to the market

cocinaran: cook

cortes de carne: meat cuts

mejores vegetales: best vegetables

especias: spices

helados: ice cream (plural)

pasteles: cakes

otras golosinas: other snacks

pagar los recibos: paying the bills

gasto adicional: additional expenses

administrar bien el dinero: administering money wisely

pagar el alquiler de la pieza: pay the rent of the apartment

lavar mi ropa: washing my clothes

meter en la lavadora y secadora toda mi ropa sucia: putting all of my dirty laundry in the washing machine and dryer

limpieza: cleaning

barrer y trapear el piso: sweeping and mopping the floor

acumulación de polvo y sucio: build-up of dust and dirt

limpiar el inodoro: cleaning the toilet

grasienta o sucia con comida: greasy or dirty with food

horas ociosas: idle hours

desperté: woke up

usé el inodoro: I used the toilet

me cepillé los dientes: I brushed my teeth

entrar en la ducha: step in the shower

me vestí: I got dressed

preparar mi desayuno y el almuerzo: getting my breakfast and lunch ready

me desempeño: I work as

diseñador gráfico: graphic designer

desayunar: have breakfast

sirope de maple: maple syrup

tira de tocineta: strip of bacon

carne con arroz y frijoles: meat with rice and beans

tomé un autobús: took a bus

portadas: covers

revista dominical: sunday supplement

disfrutando de la vista: enjoying the view

dar reportajes: giving reports

terminar mi comida: finishing my food

pasear a Tito: walking Tito

ir al gimnasio: going to the gym

hacer ejercicio: working out

obligaciones: obligations

planchar la ropa: ironing my clothes

volverse más sencillo: become easier

cuando nazcan tus hijos: when your kids are born

sentí fuerza: I felt strength

Questions about the story

1) ¿En qué país vive el protagonista de la historia?

  a) Venezuela

  b) España

  c) Perú

  d) Colombia

2) ¿Con quién vivía el protagonista antes de mudarse?

  a) Con su esposa

  b) Con sus abuelos

  c) Con sus padres y abuela

  d) Con sus amigos

3) ¿Qué profesión tiene el protagonista?

  a) Médico

  b) Reportero

  c) Diseñador gráfico

  d) Gerente

4) ¿Cómo se llama su perro?

  a) Manu

  b) Tito

  c) Fido

  d) Juanchi

5) ¿Cómo se llama el protagonista?

  a) Gabriel

  b) Daniel

  c) Javier

  d) Fred

Answers

1) A
2) C
3) C
4) B
5) B

CHAPTER NINETEEN
Going Shopping

Dotando el negocio – Equipping the business

Catherine y yo estábamos felices: el negocio de los **gofres** y crepes estaba teniendo un éxito tremendo, y cada vez incrementaban nuestras **ganancias** y **clientela**. Ofrecíamos una enorme variedad de **sabores** de **masas** y **coberturas** para ambos productos que volvían locos a los clientes de todas las edades, desde los niños hasta los adultos **menos arriesgados**.

Pero, a pesar de todo esto, era necesario **invertir** en **nuevos equipos**, además de hacer un gran número de compras para poder cubrir los **insumos** de los gofres y crepes. Decidimos aprovechar uno de los dos días libres que teníamos para ir al supermercado **más económico** y comprar **todo lo que requeríamos**, además de adquirir los **equipos necesarios** para **ampliar nuestro negocio**.

"¿Tienes la lista, Manuel?", me preguntó Catherine. Hablaba de la **lista de compras** que debíamos hacer en el **almacén del supermercado** donde **adquiríamos** los productos para el negocio.

"Sí. Me gustaría agregar **azúcar pulverizada**, ya que no sé si tenemos".

"Es cierto, gracias por recordarlo", me contestó mi esposa, sonriendo.

Fuimos en auto, preparados para **cargar gran peso**, ya que ofrecíamos tanta variedad en el menú que necesitaríamos muchos

ingredientes diversos. Tuvimos que **pasar por el banco** antes de entrar, para así retirar el dinero que necesitaríamos para hacer las compras. Apenas llegamos al sitio y entramos, decidí que lo mejor era buscar lo más básico y primordial primero.

"¿Ya sabes que necesitamos **cartones de huevos**, unos cuantos **paquetes de harina de trigo, azúcar** y **polvo para hornear**, cierto?", le pregunté a Catherine.

"Claro; además del azúcar normal y la pulverizada **que ya nombraste**". Comenzamos a empujar nuestros **carritos**, caminando por los **pasillos** y mirando qué más podíamos llevar. "Me gustaría adquirir **maicena** y **leche**, además", agregó Cath.

"¿Leche **en polvo** o **líquida**?".

"En polvo, es mejor para el negocio".

"¿Crees que haga falta comprar unos **kilos de sal**?", pregunté.

"Sí, creo que sí. También una botella grande de **esencia de vainilla**". La vainilla le proporcionaba un **sabor y olor** divino a los gofres. "He visto unas nuevas recetas con **zanahoria** también, ¿qué opinas de eso?".

Catherine se puso a pensar.

"Pues la zanahoria va muy bien con la **canela**. ¿Tenemos canela? Mejor la compramos, por si acaso". Compramos canela y luego decidimos pasar a la parte de las coberturas.

"Quiero comprar **chocolate para untar y rellenar**; además necesitamos **malvaviscos** y **crema de maní** para los otros sabores".

Catherine levantó una mano.

"No puedes olvidar las **frutas: naranjas, limones** y **fresas**. Además de las **ensaladas** para las crepes. Es importante que compremos los **vegetales más frescos**".

Comencé a agarrar **golosinas**, **cremas** y coberturas de todo tipo, además de **recipientes de helado**. Nuestro menú lo requería. Las malteadas que ofrecíamos eran las más ricas de la zona, y eran un favorito de los chicos.

"Cuando terminemos, ¿podemos ir a la tienda de **electrodomésticos**?", preguntó Catherine. Acepté, y enseguida fuimos al **área de vegetales** para culminar nuestras compras.

Llenamos varias **bolsas grandes** de vegetales de diferentes tipos: **tomates**, **zanahorias**, **papas**, **repollo**, **lechugas** y **pimientos**; luego fui por las frutas y allí pude agarrar algunas **fresas**, **piñas**, **moras**, **duraznos**, **naranjas**, **limones** y más. Por fin fuimos a pagar, cuando terminamos de seleccionar estas cosas —había una **larga fila**, pero era cuestión de ser pacientes—. Aproveché para leer la lista y **verificar** que habíamos comprado todo.

"Creo que no faltó nada, cariño", le dije a Catherine, y ella suspiró.

"Menos mal, pensé que pasaríamos todo el día en este supermercado".

La cajera me sonrió **agradablemente** después de que pagué los productos y nos agradeció la visita, tras lo cual fui con mi esposa al auto para dejar las bolsas y continuar a la tienda de electrodomésticos. Aun así, sentía que faltaba algo más.

"¿Qué tal si compramos unas **decoraciones de Navidad**, ya que estas fechas se acercan?", pregunté. Catherine estaba de acuerdo: no podíamos **pasar por alto** la posibilidad de decorar el local.

Por esto, fuimos a una tienda que vendía todo tipo de decoraciones y comenzamos a buscar. Muchos de los objetos eran navideños, pero no tan de buen gusto. Aun así, necesitábamos un **árbol de Navidad** urgentemente, además de unas **luces de colores**. Nos llevamos estos, regresando de nuevo al auto un poco exhaustos.

"Y pensar que aún faltan los electrodomésticos", dijo Catherine con aburrimiento. Era cierto, pero todo era con la intención de satisfacer a nuestros clientes.

"Vamos".

La tienda de electrodomésticos estaba cerca, y entramos con esperanzas de encontrar algo bueno. Necesitábamos más **gofreras** y **utensilios de cocina**, además de **planchas** para cocinar las crepes. Actualmente no teníamos suficientes, y los clientes tenían que esperar mucho.

"Esta me gusta", me dijo Catherine, enseñándome una de **alta calidad**. Era **un poco cara**, y yo quería distribuir bien nuestro presupuesto.

"¿Qué tal esta?", le respondí, indicando otra.

"También se ve bien. Vamos a llevarnos tres de esas". Las planchas y utensilios de cocina siguieron luego, y me di cuenta de que ya habíamos **gastado suficiente** dinero. "¿Crees que esto sea suficiente?", pregunté.

Catherine **asintió entre risas**.

"¡Si seguimos gastando, vamos a tener que hipotecar la casa!".

Regresamos a nuestra casa con todas estas cosas, **refrigerando** la comida que había que mantener fría, almacenando el resto para el comienzo de la semana. Iba a ser importante **recuperar la inversión**, pero ambos teníamos seguridad de que nos iría bien.

Y no solo nos fue bien... ¡nos fue genial!

Los clientes que nos visitaron estuvieron muy alegres de ver lo rápido que los atendíamos, mientras probaban nuestros gofres, crepes y malteadas con emoción, y nos contaban cuánto les gustó **nuestra línea de productos**. La reputación de nuestro negocio siguió creciendo hasta el punto en que salimos en el diario de la ciudad, ¡y luego en televisión!

Era increíble lo que estaba pasando, y todo porque supimos invertir nuestras ganancias en compras y surtir el negocio en el que habíamos puesto todas nuestras ganas y nuestros deseos.

Había llegado el éxito a nosotros, y era nuestro éxito nada más.

Resumen de la historia

Catherine y Manuel están contentos porque les va muy bien en su negocio de gofres y crepes, pero deben surtir su negocio para poder vender a la gran cantidad de clientes que están comenzando a ir a su local. Primero van al banco para retirar dinero, tras lo que entran al supermercado y comienzan a comprar ingredientes básicos, golosinas, frutas y vegetales para sus productos, antes de pasar por una tienda y comprar unas decoraciones navideñas. Finalmente, compran unos electrodomésticos nuevos para ampliar su negocio y regresan a casa. La siguiente semana les va mejor que nunca, y les llega el éxito por su esfuerzo.

Summary of the story

Catherine and Manuel are Happy because their waffles and crepes business is going very well, but they must stock their business to be able to fulfill the great demand which is starting to increase in their store. First they go to the bank to withdraw some money, before they head off to the supermarket and start to buy basic ingredients, sweets, fruits and vegetables for their products, before going to a store and buying some Christmas decorations. They finally purchase some electrical appliances like waffle makers and griddles so that they can expand their store and keep customers from waiting for their orders. The following week is the best they've ever had, and success arrives after their great effort.

Vocabulary

gofres: waffles

ganancias: earnings

clientela: clientele

sabores: flavors

masas: doughs

coberturas: toppings

menos arriesgadas: less risky (feminine)

invertir: invest

nuevos equipos: new appliances

insumos: supplies

más económico: cheapest

todo lo que requeríamos: everything we required

equipos necesarios: necessary equipment

ampliar nuestro negocio: expand our business

lista de compras: shopping list

almacén del supermercado: supermarket warehouse

adquiriríamos: we'd acquire

azúcar pulverizada: powdered sugar

cargar gran peso: carry a great weight

ingredientes diversos: diverse ingredients

pasar por el banco: go to the bank

cartones de huevos: egg cartons

paquetes de harina de trigo: wheat flour packages

azúcar: sugar

polvo para hornear: baking powder

que ya nombraste: aforementioned

carritos: trolleys

pasillos: aisles

maicena: cornstarch

leche: milk

en polvo: powdered

líquida: liquid (feminine)

kilos de sal: kilograms of salt

esencia de vainilla: vanilla essence

sabor y olor: flavor and smell

zanahoria: carrot

canela: cinnamon

chocolate para untar y rellenar: chocolate for spreading and filling

malvaviscos: marshmellows

crema de maní: peanut butter

frutas: fruits

naranjas: oranges

limones: lemons

fresas: strawberries

ensaladas: salads

vegetales más frescos: freshest vegetables

golosinas: snacks/sweets

cremas: creams

malteadas: milkshakes

recipientes de helado: pots of ice cream

electrodomésticos: electrical appliances

área de vegetales: vegetable section

bolsas grandes: large bags

tomates: tomatoes

papas: potatoes

repollo: cabbage

lechugas: lettuce (plural)

pimientos: peppers

piñas: pineapples

moras: blackberry

duraznos: peaches

naranjas: oranges

larga fila: long line

verificar: verify/make sure

agradablemente: pleasantly

decoraciones de navidad: christmas decorations

pasar por alto: ignore/overlook

árbol de navidad: christmas tree

luces de colores: christmas lights

gofreras: waffle-makers

utensilios de cocina: cooking utensils

planchas: griddle

alta calidad: high quality

un poco cara: a bit expensive (feminine)

gastado suficiente: spent enough

asintió entre risas: nodded while laughing

refrigerando: refrigerating

recuperar la inversión: recovering the investment

nuestra línea de productos: our line of products

Questions about the story

1) ¿Qué productos vendían Manuel y Catherine en su tienda?

   a) Helados, tortas y galletas
   b) Gofres, crepes y malteadas
   c) Panqueques, malteadas y pasteles
   d) Hamburguesas, perros calientes y parrillas

2) ¿Cuál de los siguientes NO era un ingrediente básico y primordial?

   a) Polvo para hornear
   b) Azúcar
   c) Naranja
   d) Harina de trigo

3) ¿Qué ingrediente combinaba bien con la zanahoria?

   a) Canela
   b) Ensalada
   c) Frutas
   d) Chocolate para untar

4) ¿Qué compraron Manuel y Catherine luego de los insumos?

   a) Decoraciones de Navidad
   b) Electrodomésticos
   c) Nada
   d) No especifica

5) ¿Qué pasó luego de que la reputación del negocio creció?

   a) Catherine y Manuel fueron condecorados por el alcalde
   b) Se volvieron millonarios
   c) Salieron en la televisión
   d) Se fueron del país

Answers

1) B
2) C
3) A
4) A
5) C

CHAPTER TWENTY
Basic Vocabulary Part 2

Día de piscina – Pool day

Pasaron toda la semana esperando que llegara el día del **fin del año escolar**, a pesar de todo lo demás que ocupaba sus mentes.

Los **estudiantes del último año de secundaria** estaban en **época de exámenes**, y era un **tiempo estresante** donde los profesores no tenían **ningún tipo de piedad** con ellos. **Dibujo, Matemáticas, Biología, Química** y **Física** eran las **asignaturas** que los **volvían locos**, pero sabían que, si sobrevivían a los exámenes finales, podrían ser libres de toda esa **tortura**. Se acercaba su **graduación** y todo lo que esto **implicaba**, pero más importante era lo que venía el **último día de clases**: el gran día de piscina.

El cielo estaba **claro** y **azul**, y no había **señal de lluvia** en ninguna parte: los profesores sabían que no había examen ni **amenaza** que los **intimidara** en este momento tan especial. Solo era cuestión de contar los minutos en el **reloj** y esperar a que la alarma sonara para indicar que ya habían **culminado** sus estudios de secundaria.

La casa de Bryan, el **chico adinerado** con piscina, iba a ser la **escena** de la mejor fiesta de todos los tiempos, y todos iban a disfrutar de una celebración con música en vivo, comida y mucha bebida para todos. Todo el mundo estaría allí, y quien no se aparecía se iba a perder de un momento único en la historia de la Jackson High School.

Se dividían en grupos los estudiantes del último año: las chicas *'cool'*, que usaban **trenzas en el cabello** e iban a clases con **faldas** y **jeans**; los **estudiosos**, que usaban ropa más formal y vivían para los exámenes; los **deportistas**, que eran **musculosos** y casi no tenían **buenas calificaciones**; y los nerds, que a pesar de que no iban a muchas fiestas, harían la excepción esta vez.

Bryan vivía en una zona **elegante** y **afluente** de la ciudad, la cual contaba con **vigilancia privada** y un **portón eléctrico** que aseguraba que no cualquiera podría entrar. Su padre era un **jefe ingeniero** en una importante **empresa de electricidad** de la capital, y gracias a esto el chico tenía muchísimo dinero. Aun así, **no tenía tantos amigos verdaderos** y quería asegurar que **le prestaran atención** aunque fuera una vez en su vida.

Sus padres no tenían tiempo para él por trabajar en otras ciudades y sus hermanos eran mayores, por lo que no les interesaba dedicarle tiempo. Para un joven que estaba en la etapa más **determinante** de su vida, esto era un problema.

La alarma sonó fuertemente y se escuchó un fuerte rugido de celebración de todos los estudiantes —¡era hora de ir a la fiesta! **Arrojaron sus cuadernos** y **botaron sus lápices**: ya no había nada más que hacer hasta la universidad.

La **brisa de la tarde** les **acarició** sus caras cuando abrieron las puertas de la escuela secundaria, y todos corrieron al autobús o a los autos de sus padres, los cuales trasladarían a todos a la casa de Bryan.

Bryan había **comprado a través de la internet** un **juego de luces** para que identificaran su casa, y también había contratado DJs y músicos para **avivar** la tarde y noche. Tenía su propio auto, y con este fue a comprar comida y bebidas, entre ellas las **bebidas alcohólicas** que harían más interesante la fiesta.

Tenía fe en que todo esto sería suficiente para que lo tomaran en cuenta sus compañeros, y sabía que, si algo salía mal, sus padres lo matarían.

Tras sonar la alarma, se subió a su auto y se fue rápidamente a casa antes de que sus compañeros llegaran. Tenía que asegurarse de que los **empleados de servicio** ya habían ordenado todo para la fiesta; todo tenía que ser perfecto para el gran momento.

Notó que su **jardín** estaba hermoso y que su piscina estaba limpia; su casa estaba brillante y la comida estaba prácticamente servida. Se bañó, cambió a una **camisa elegante** y un **pantalón de moda** para recibir a sus visitas y se roció un poco de la **mejor colonia de su padre**. No había nada más que hacer ahora, sino esperar lo mejor.

De repente, **sonó su teléfono** y Bryan **contestó con nervios**.

"¿Ho-Hola?".

"Sí, ¿Bryan?", dijo una chica al otro lado de la línea, "¿puedes abrir el portón de tu **zona residencial**?".

Bryan se puso nervioso, pero decidió que ya era el momento que todos estaban esperando.

"Sí, ¡claro!".

Salió de su casa con un control en mano y una sonrisa en su cara... hasta que vio la cantidad de gente esperando detrás de la entrada a su residencia. Eran **cientos de jóvenes**, no todos de su secundaria, los cuales habían venido a celebrar en la fiesta que había preparado para sus compañeros. Muchos de ellos parecían ser menores o mayores que él, y era como si toda la ciudad **se hubiese enterado**.

"¿Qué demonios?", preguntó, pero comenzaron a **hacerle señales** para que abriera el portón. No tenía opción y ya **la invitación**

estaba hecha —la fiesta tendría que comenzar con todas esas personas que habían aparecido para disfrutarla—.

Entró la **multitud ruidosa** y **hambrienta de diversión** sin pensarlo dos veces, algunos empujando a Bryan en su desespero por llegar a la casa con piscina de la que les habían hablado sus amigos. Bryan gritó que lo esperaran, pero muchos jóvenes simplemente se lanzaron dentro de la piscina **sin pedir permiso** o entraron a su casa **sin preguntar**. Comenzaron a comer y tomar de sus tragos, causando un desastre total mientras los músicos y el DJ **tocaban sus pistas en el fondo**.

Los deportistas **sacaron sus balones** y comenzaron a jugar dentro de su casa, **rompiendo varias cosas** mientras se reían. Algunos, incluso, **subieron a las habitaciones** y **causaron un caos**, haciendo que Bryan se desesperara más.

Al terminar la fiesta, la mañana del día siguiente, Bryan se sentó entre **las ruinas** que habían dejado sus **invitados y no tan invitados**. Se acercó a él una chica que era su **compañera de clase** y le puso una mano en el hombro.

"Lo lamento, Bryan", le dijo, y el chico la miró con tristeza. "A veces debes aprender que es mejor no ser popular, y que quizás es preferible **no forzar las cosas**".

"Por cierto", agregó la chica, "mi padre tiene una **empresa de limpieza**. Me aseguraré de que envíe algunos empleados para que arreglen esto antes de que tus padres lleguen. Por cierto, soy Johanna. Podemos ser amigos".

La sonrisa de Bryan se estiró de oreja a oreja.

"¡Gracias, Johanna! Sí, seamos amigos".

En ese momento aprendió una lección: la amistad no se puede obligar, sino que debe **nacer naturalmente**. Era algo que jamás olvidaría.

Resumen de la historia

Todos los estudiantes de la Jackson High School están ansiosos esperando que suene el timbre; es el último día de secundaria y saben que habrá una gran fiesta en una piscina para celebrar este momento después de una fuerte época de exámenes. Bryan, un chico de mucho dinero, es el anfitrión de la fiesta y está entusiasmado porque, por fin, va a ser tomado en cuenta por sus compañeros. Ha organizado esta fiesta, contratando música en vivo y comprando mucha comida y bebidas para que todos disfruten, y ha invitado a todos sus compañeros sin excepción. Mientras realiza las últimas preparaciones, lo llaman por teléfono para avisarle que están esperándolo en el portón —ha venido mucha más gente de lo esperado y comienza un desastre en su casa que termina muy mal—. Al final de todo, una compañera ofrece ayudarlo y le recuerda que la amistad debe nacer naturalmente y nunca forzarse.

Summary of the story

All of the students at Jackson High School are anxious as they wait for the bell to ring; it is the last day of high school and they know there will be a huge pool party to celebrate this momento after a stressful final exams period. Bryan, a boy with a lot of money, is the host of this party, and he's excited because he is finally going to be considered by his classmates. He's organized this party, hiring live musicians and buying plenty of food and drinks so that everyone can enjoy themselves, and has invited all of his classmates without exception. While he takes care of the final details, he is called on the phone and notified that they've arrived at the gate — more people have come than he'd expected, and a disaster at his house begins that ends very badly. At the end of it all, a female classmate offers to help him with the cleaning and reminds him that friendship must be born naturally and never forced.

Vocabulary

fin del año escolar: end of the school year

estudiantes del último año de secundaria: students of the final year of high school

época de exámenes: exam period

tiempo estresante: stressing time

ningún tipo de piedad: no type of mercy whatsoever

Dibujo: Technical drawing

Matemáticas: Math

Biología: Biology

Química: Chemistry

Física: Physics

asignaturas: subjects

volvían locos: drove them crazy

tortura: torture

graduación: graduation

implicaba: involved

último día de clases: last day of class

claro: clear

azul: blue

señal de lluvia: sign of rain

amenaza: threat

intimidara: intimidate

reloj: watch

culminado: culminated

chico adinerado: wealthy boy

escena: scene

trenzas en el cabello: braids in their hair

faldas: skirts

jeans: jeans

estudiosos: studious (plural)

deportistas: sportsmen/women

musculosos: muscular

buenas calificaciones: good grades

elegante: elegant

afluente: wealthy

vigilancia privada: private security

portón eléctrico: electric gate

jefe ingeniero: chief engineer

empresa de electricidad: electrical company

no tenía tantos amigos verdaderos: he didn't have many real friends

le prestaran atención: pay attention to him

determinante: decisive

arrojaron sus cuadernos: threw their notebooks

botaron sus lápices: discarded

their pencils

brisa de la tarde: afternoon breeze

acarició: caressed

comprado a través de la internet: bought on the internet

juego de luces: set of lights

avivar: fire up

bebidas alcohólicas: alcoholic beverages

empleados de servicio: service personnel

jardín: garden

camisa elegante: elegant shirt

pantalón de moda: fashionable pants

mejor colonia de su padre: his father's best cologne

sonó su teléfono: his phone rang

contestó con nervios: answered nervously

zona residencial: residential area

cientos de jóvenes: hundreds of young people

se hubiese enterado: had heard

hacerle señales: make signals at him

la invitación estaba hecha: the invitation had been made

multitud: multitude/crowd

ruidosa: noisy

hambrienta de diversión: hungry for entertainment

desespero: despair

sin pedir permiso: without asking for permission

sin preguntar: without asking

tocaban sus pistas: played their tracks

en el fondo: in the background

sacaron sus balones: took out their balls

rompiendo varias cosas: smashing several things

subieron a las habitaciones: going up to the bedrooms

causaron un caos: they caused chaos

las ruinas: the ruins

invitados y no tan invitados: invitees y not-so-invitees

compañera de clase: classmate (feminine)

no forzar las cosas: not to force things

empresa de limpieza: cleaning company

nacer naturalmente: be born naturally

Questions about the story

1) ¿En qué año estaban los estudiantes de la historia?

   a) Último

   b) Primero

   c) Segundo

   d) No especifica

2) ¿Cómo estaba el día?

   a) Lluvioso

   b) Soleado

   c) Claro

   d) Nublado

3) ¿Cómo se llamaba la escuela?

   a) Jameson

   b) Jack's Son

   c) Jaxon

   d) Jackson

4) ¿Quiénes usaban trenzas en el cabello?

   a) Las estudiosas

   b) Las deportistas

   c) Las 'cool'

   d) Las nerds

5) ¿Cómo se llamaba la chica que quiso ayudar a Bryan?

   a) Johanna

   b) Juana

   c) Jenna

   d) Jill

Answers

1) A
2) C
3) D
4) C
5) A

MORE FROM LINGO MASTERY

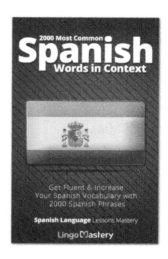

Have you been trying to learn Spanish and simply can't find the way to expand your vocabulary?

Do your teachers recommend you boring textbooks and complicated stories that you don't really understand?

Are you looking for a way to learn the language quicker without taking shortcuts?

If you answered *"Yes!"* to at least one of those previous questions, then this book is for you! We've compiled the **2000 Most Common Words in Spanish,** a list of terms that will expand your vocabulary to levels previously unseen.

Did you know that — according to an important study — learning the top two thousand (2000) most frequently used words will enable you to understand up to **84%** of all non-fiction and **86.1%** of fiction literature and **92.7%** of oral speech? Those are *amazing* stats, and this book will take you even further than those numbers!

In this book:

- A detailed introduction with tips and tricks on how to improve your learning
- A list of **2000** of the most common words in Spanish and their translations
- An example sentence for each word – in both Spanish *and* English
- Finally, a conclusion to make sure you've learned and supply you with a final list of tips

Don't look any further, we've got what you need right here!

In fact, we're ready to turn you into a Spanish speaker…

…are you ready to get involved in becoming one?

Do you know what the hardest thing for a Spanish learner is?

Finding PROPER reading material that they can handle...which is precisely the reason we've written this book!

Teachers love giving out tough, expert-level literature to their students, books that present many new problems to the reader and force them to search for words in a dictionary every five minutes — it's not entertaining, useful or motivating for the student at all, and many soon give up on learning at all!

In this book we have compiled 20 easy-to-read, compelling and fun stories that will allow you to expand your vocabulary and give you the tools to improve your grasp of the wonderful Spanish tongue.

How Spanish Short Stories for Beginners works:

- Each story will involve an important lesson of the tools in the Spanish language (Verbs, Adjectives, Past Tense, Giving Directions, and more), involving an interesting and entertaining story with realistic dialogues and day-to-day situations.

- The summaries follow: a synopsis in Spanish and in English of what you just read, both to review the lesson and for you to see if you understood what the tale was about.
- At the end of those summaries, you'll be provided with a list of the most relevant vocabulary involved in the lesson, as well as slang and sayings that you may not have understood at first glance!
- Finally, you'll be provided with a set of tricky questions in Spanish, providing you with the chance to prove that you learned something in the story. Don't worry if you don't know the answer to any — we will provide them immediately after, but no cheating!

We want you to feel comfortable while learning the tongue; after all, no language should be a barrier for you to travel around the world and expand your social circles!

So look no further! Pick up your copy of **Spanish Short Stories for Beginners** and improve your Spanish right now!

Improve your Spanish skills and grow your vocabulary with these 10 entertaining Spanish short stories!

The best part of learning a new language is experiencing the culture and diving into activities that will enrich your life and vocabulary. The best way to learn a new language is by reading, and in this Spanish book you will find yourself turning page after page to get to the end of each captivating story that will engage your mind and help you improve your Spanish.

In this book you will find:

- **10 captivating short stories** that develop in circumstances such as traveling, personal relationships, among other topics that you will find easy to relate to.
- The stories are broken down into manageable chapters, so you always make progress with the story.
- Carefully written stories with you as an **intermediate level reader in mind**, using straightforward grammar and commonly used words so you can enjoy reading while learning new grammatical structures without being overwhelmed.

- **Plenty of natural dialogues** in each story that you would actually use in an everyday conversation, which will drastically improve your speaking and comprehension ability at the same time!
- At the end of each chapter there will be a comprehensive guide specially designed for intermediate level readers, it will take you through a summary of each story followed by a vocabulary of some of the words from the story to make sure that you understand the story fully.

Chapter by chapter you will find yourself effortlessly reading each story. Not struggling like in basic textbooks or boring reads. You will get involved by reading the dialogue of the characters by learning how to express yourself in different contexts and more importantly by learning new Spanish words that will get you closer to your goal of becoming fully conversational!

Enjoy the book and Buena Suerte!

Is conversational Spanish turning a little too tricky for you? Do you have no idea on how to order a meal or book a room at a hotel?

If your answer to any of the previous questions was 'Yes', then this book is for you!

If there's even been something tougher than learning the grammar rules of a new language, it's finding the way to speak with other people in that tongue. Any student knows this – we can try our best at practicing, but you always want to avoid making embarrassing mistakes or not getting your message through correctly.

'How do I get out of this situation?' many students ask themselves, to no avail, but no answer is forthcoming.

Until now.

We have compiled **MORE THAN ONE HUNDRED** Spanish Stories for Beginners along with their translations, allowing new Spanish speakers to have the necessary tools to begin studying how to set a meeting, rent a car or tell a doctor that they don't feel well! We're not wasting time here with conversations that don't go anywhere: if you want to know how to solve problems (while learning a ton of Spanish along the way, obviously), this book is for you!

How Conversational Spanish Dialogues works:

- Each new chapter will have a fresh, new story between two people who wish to solve a common, day-to-day issue that you will surely encounter in real life.
- A Spanish version of the conversation will take place first, followed by an English translation. This ensures that you fully understood just what it was that they were saying!
- Before and after the main section of the book, we shall provide you with an introduction and conclusion that will offer you important strategies, tips and tricks to allow you to get the absolute most out of this learning material.
- That's about it! Simple, useful and incredibly helpful; you will **NOT** need another conversational Spanish book once you have begun reading and studying this one!

We want you to feel comfortable while learning the tongue; after all, no language should be a barrier for you to travel around the world and expand your social circles!

So look no further!

Pick up your copy of **Conversational Spanish Dialogues** and start learning Spanish right now!

CONCLUSION

Our stories are over, but your learning is not!

We hope you have enjoyed reading the second volume of **Spanish Short Stories for Beginners,** a book we have pooled plenty of our hard and work and effort into, in a bid to create the best, most accurate and most helpful material for hard-working Spanish beginners of all ages!

Hopefully you haven't rushed your way to this final page and instead taken this experience slowly and patiently, advancing to the next lesson only when you had truly surpassed the previous one. No vocabulary, summary or question after each lesson must be skipped, and you should be ready to sit down and practice what you've read in each chapter before considering yourself finished.

Even so, if you've ended this book and still feel unsure of how to practice the Spanish you have learned, we have written a few last-minute tips that will summarize what we expect of you as a Spanish student! Take a look at the following, and don't forget to apply them:

1) Write down each and every word and expression you are prone to forget the meaning of, even with the help of our vocabulary lists. The best teachers in the world still need material to remember the exact translation of a word or two, so don't feel you're cheating by keeping a list of translated terms that can help you remember the meaning of the most complicated words you find!

2) Learn to interpret what you read — comprehension is key!

We've added the questions at the end of each story to test your comprehension, something which you can do yourself without much hassle. After reading one of the stories, or any other story you may find out there, ask yourself *other* questions not found in this book. You can even test your friends!

3) Talking of friends, we cannot stress this enough in our books: find someone to study with, and you'll realize how helpful it becomes to your learning process! Having a partner or two will ensure you have someone to help clear up your doubts with, and you'll have the chance to practice your speech, as well!

4) Go easy on yourself and don't create too much pressure. Never torture yourself over having difficulties; getting this book and practicing the lessons within are great first steps— don't think you'll learn the tongue overnight, just keep trying hard and you'll achieve it soon!

5) The stories in this book are simple representations of common real-life situations; try to imagine yourself in each and every one of them and feel free to create new storylines and endings in your head, opening up the possibilities of writing your *own* stories this time!

With all of this said, we hope you have enjoyed the journey through these twenty stories and have expanded your knowledge on the Castilian tongue.

We hope to see you soon in our future books; take good care of yourself, reader!

P.S. Don't forget to join our **free 5-Day Spanish Masterclass** over at

LingoMastery.com/SpanishMasterclass

Made in the USA
Las Vegas, NV
14 December 2023

82824310R00125